Johannes Kuhny

Alles über FORD-TUNING

Motor – Fahrwerk – Karosserie

Motorbuch Verlag Stuttgart

Einbandgestaltung: Johann Walentek, unter Verwendung eines Fotos von Johannes Kuhny.

Layout: Johannes Kuhny.

Bildnachweis: Archiv Johannes Kuhny.

Die Ratschläge in diesem Buch sind von Autor und Verlag sorgfältig erwogen und geprüft, dennoch kann eine Garantie nicht übernommen werden. Eine Haftung des Autors bzw. des Verlages und seiner Beauftragten für Personen-, Sach- und Vermögensschäden ist ausgeschlossen.

ISBN 3-613-01437-8

2. Auflage 1996

Ein Unternehmen der Paul Pietsch Verlage GmbH + Co.

Druck: Brönner & Daentler, 85072 Eichstätt.
Bindung: K. Dieringer, 70839 Gerlingen.
Printed in Germany.

Inhalt

20 Jahre Ford-Tuning

FORD RALLYE SPORT

Die Motorsporterfolge auf Ford-Modellen im In- und Ausland werden immer zahlreicher und beweisen die Klasse der Produkte. 1971 gewann Dieter Glemser den Tourenwagen-Europapokal auf Ford Capri RS, mit gleichem Modell errang Jochen Mass die Deutsche Rundstrecken-Meisterschaft 1971.

Die hieraus gewonnenen Erkenntnisse und die Möglichkeiten unseres Werkes haben dazu geführt, daß wir Ihnen in dieser Broschüre ein Sportteile-Programm vorstellen können, mit dem Sie sich Ihr Ford-Modell ganz nach Ihren Wünschen modifizieren lassen können.

Dieses RS-Teileprogramm wird exclusiv von speziell ausgestatteten Ford-Händlern, den sog. Ford Rallye Sport Centern, vertrieben (s. beigefügte Aufstellung). Besonders qualifizierte Spezialisten brennen darauf, Sie über alle Möglichkeiten der Fahrzeugumrüstungen zu beraten.

Ihr Ford Rallye Sport Center verfügt damit über ein Programmangebot, das nahezu allen Ansprüchen gerecht wird und vom Sportlenkrad bis zu speziellen Rennaggregaten reicht.

Die herausragenden Vorteile dieses Programms liegen auf der Hand:

- Sorgfältigste Entwicklung
- Intensivstes Testprogramm
- Original-Fordteile
- Gleichbleibende Qualität durch ständige Kontrollen
- Austauschbarkeit von Einzelteilen im Reparaturfall – preiswert –
- Garantie- und Kulanzhandhabung entsprechend den Ford-Richtlinien
- TÜV-genehmigt durch Mustergutachten oder Unbedenklichkeitserklärungen der Ford-Werke AG

Einleitung für den ersten Prospekt der Ford-RS-Abteilung aus dem Jahr 1972.

Vorwort

Am 18. August 1925 wird unter der Nummer 36767 im Berliner Handelregister die Ford Motor Company Aktiengesellschaft eingetragen. Gegenstand des mit einem Kapital von 5 Millionen Reichsmark ausgestatteten Unternehmens ist “die Herstellung, der Kauf, der Umsatz oder Handel jeglicher Art von mit Motorkraft betriebenen Fahrzeugen...“

Doch nicht nur das: Die Amtsschrift billigt der jungen Firma mit der feinen Adresse – Berlin, Unter den Linden 56 – auch den Vertrieb von “Zubehörteilen, Materialien, welche für den Antrieb und die Konstruktion der erwähnten Gegenstände“ dienen zu. Doch im großen Stil nimmt Ford erst ein halbes Jahrhundert später diese Möglichkeiten wahr: mit dem Ford RS-Teileprogramm.

Damit wurde Ford zum Pionier auf dem Gebiet des werksseitigen Tunings, sportliche Zurüstteile gab es bald nicht nur für die Escort- und Capritypen, sondern auch für die eher behäbigen Familienlimousinen wie Taunus und Granada. Heute wird für nahezu jeden Fahrzeugtyp ab Werk umfangreiches Zubehör offeriert – und von freien Anbietern sowieso. Rosige Zeiten also, nicht nur für Ford-Fans: der Trend zum “Schöner Fahren“ zieht sich quer durch alle Marken und Käuferschichten und bietet für jeden Geschmack etwas. Warum das so ist, erklären die Psychologen mit dem Bedürfnis des Menschen, sich von der Masse abzuheben. Wie wahr: die Autos sehen sich, dem Computer sei’s geklagt, immer ähnlicher; die Gesetze der Aerodymanik, des Zeitgeistes und der Umweltverträglichkeit verwischen die Konturen. Daher das Bedürfnis, seinen Untersatz zumindest optisch von den hunderttausend anderen Fahrzeugen gleichen Typs und Farbe abzuheben. Davon lebt die Branche – und von den aktiven Fahrern, die Leistung und Fahrverhalten ihres Autos verbessern wollen. Wer sich aber ernsthaft mit den Gedanken trägt, seinen Fiesta, Escort oder Sierra mit optischen oder technischen Tuningteilen aufzurüsten, wird von der Vielfalt der Angebote überrascht – und deshalb wurde dieses Buch geschrieben.

Anhand ausgesuchter Beispiele aus dem breiten Angebot verschiedener Tuner und Zubehörlieferanten werden aktuelle Möglichkeiten des Motor-, Fahrwerks- und Karosserietunings aufgezeigt. Detaillierte Produktvorstelllungen, ergänzt durch aussagekräftige Abbildungen, erleichtern die Kaufentscheidung. Ausführliche Beschreibungen und Erklärungen zu den einzelnen Tuning-Bereichen vermitteln in leicht verständlicher Form die grundlegenden technischen Zusammenhänge, die jeder Tuningmaßnahme zugrunde liegen. Daß bei alldem auch den TÜV-Vorschriften und der Straßenverkehrszulassungsordnung gebührend Beachtung geschenkt wurde, versteht sich von selbst.

Unverwechselbare Erscheinung: der Capri I war noch kein Opfer des Windkanals.

Einleitung

Motorsport als Wiege des Automobil-Tunings

Schon früh in der Geschichte des Automobils fanden sich Zeitgenossen, denen die normale Art und Weise der Fortbewegung mit dem neuen Beförderungsmittel zu langweilig war. Die ersten motorsportlichen Veranstaltungen fanden statt: Wettbewerbe zur Ermittlung der höchsten Endgeschwindigkeit, Überlandfahrten, eine Urform der heutigen Rallyes, und natürlich Rundstreckenrennen.

Schnell setzte sich bei den Wettbewerbern die Erkenntnis durch, daß durch bestimmte Manipulationen die Konkurrenzfähigkeit ihrer Renner gesteigert werden konnte, insbesondere dann, wenn es sich um normale Automobile und nicht um spezielle Wettbewerbswagen handelte. Diese Maßnahmen fielen sicher so bescheiden aus, wie es dem Entwicklungsstand der frühen Automobile entsprach und beschränkten sich hauptsächlich auf besseres Einstellen und Abstimmen (genau das heißt das englische Wort "tuning") des vorhandenen Materials. Das änderte sich natürlich schnell mit der weiter fortschreitenden technischen Entwicklung. Die Verbesserungen an Motoren, Bremsen, Fahrwerk und hinsichtlich der Aerodynamik wurden immer raffinierter und wirksamer.

Tuning in Verbindung mit Motorsport wird also schon fast genauso lange praktiziert, wie es Automobile gibt. Tuning in der heutigen Form, das technische Umrüsten und optische Umgestalten von Fahrzeugen, die von ihren Besitzern täglich im Straßenverkehr bewegt werden, entwickelte sich jedoch in nennenswertem Umfang erst gegen Ende der 60er Jahre. Zu dieser Zeit erreichte der Wohlstand in unserem Land allmählich ein Niveau, das für solche "Spielereien" den notwendigen materiellen Hintergrund schaffte. Ideen und Antrieb für diese neue Tuning-Bewegung erhielten ihre Nahrung, wen überrascht es, aus der Motorsport-Szene.

Ende der 60er Jahre erlebte speziell der Tourenwagen-Motorsport in Deutschland und Europa einen enormen Popularitätszuwachs. Die Zuschauer strömten in Massen an die Rennstrekken, um "ihren" Escort, Capri, BMW, Mercedes, Alfa Giulia, usw. im harten Einsatz des Rennspektakels zu erleben. Bei vielen dieser sportlich ambitionierten Autofahrer entwickelte sich der Wunsch, ihr Alltagsgefährt zumindest optisch der entsprechenden Rennversion anzugleichen. Allerdings war das damals nicht so einfach, denn es gab kaum entsprechendes Zubehör.

Zu den erfolgreichen Marken auf den Renn- und Rallye-Pisten gehörte damals Ford. Die von der 1968 gegründeten Ford-Rennsportabteilung eingesetzten Escorts und Capris fuhren von Sieg zu Sieg und lehrten die Konkurrenz das Fürchten. Diese Motorsporterfolge polierten das damals angeschlagene Ford Marken-Image kräftig auf, und die Gemeinde der Motorsport-Freunde unter den Ford-Fahrern wuchs ständig. Um dieser Entwicklung Rechnung zu tragen wurde 1971 die Ford-Rallyesport-Abteilung eingerichtet, mit dem Ziel, ein Motorsportteile-Programm zu entwickeln, das über ein spezielles RS-Händler-Netz angeboten werden sollte. Anfangs bot Ford nur Tuning-Zubehör für die Modelle Escort und Capri an, wobei es sich sowohl um reine Rennsportteile als auch um straßentaugliches Zubehör mit TÜV-Zulassung handelte.

Die Konsequenz, mit der Ford seine RS-Abteilung aufbaute, ist beeindruckend. Die Tuning- und Zubehörteile wurden professionell unter Berücksichtigung der Erkenntnisse aus dem Motorsport entwickelt und über ein qualifiziertes Händlernetz angeboten. In Art und Struktur war dieses System damals einzigartig in Deutschland. In den folgenden Jahren wurde das RS-Programm weiter ausgebaut und auf andere Ford-Modelle ausgedehnt.

Die motorsportlich orientierten Ford-Fahrer reagierten sehr positiv auf diese neue Quelle, die qualitativ hochwertiges und zum Teil auch für den Straßenverkehr zugelassenes Zubehör anbot. Die zahlreichen Motorsporterfolge der Escorts und Capris kurbelten die Nachfrage nach sportlichem Zubehör zusätzlich an.

Neben den beeindruckenden Erfolgen des englischen Ford-Werksrennteams, das in erster Linie mit dem Escort auf den internationalen Rallye-Pisten für Furore sorgte, schlug auch die Kölner Rennabteilung unter Jochen Neerpasch kräftig zu. Bereits 1969 errang Dieter Glemser auf einem Escort Twin Cam die Deutsche Rundstrekken-Meisterschaft. 1971 wurde er Tourenwagen-Europameister auf Capri RS, und Jochen Maass holte die Deutsche Rundstrecken-Meisterschaft, ebenfalls auf Capri RS. Daneben gab es noch zahlreiche Einzelsiege der Werks- bzw. Zakspeed-Escorts. Auch 1972 erwiesen sich die Capris in beiden Disziplinen als unschlagbar: Jochen Maass holte die Europameisterschaft nach Köln, H.-J. Stuck siegte im Kampf um die Deutsche Meisterschaft.

Im Drift auf Erfolgskurs: "Hundeknochen-Escort" in Jarama 1971.

Bernd Ringhausen
1976 im Zakspeed
Gruppe 2-Escort.

Armin Hahne
beim 300 km-Rennen
Nürburgring 1977.

Escort RS 2000
Gruppe I 1976.

Die Renn-Capris geben der Konkurrenz in der Saison 1972 keine Chance. Hans-Joachim Stuck wird Deutscher Rundstreckenmeister und Jochen Maass Europameister.

Anfang 1974 leisteten die Renn-Capri 320 PS. Zu wenig, um die 400 PS starken BMW-Coupés bezwingen zu können.

Über 560 PS leisten die Turbo-Renn-Capri 1980. Außer dem Namen haben sie mit den Serien-Modellen kaum noch etwas gemeinsam.

Das Ford-RS-Teile-Programm

Ein Jahr nach ihrer Gründung konnte die RS-Abteilung bereits ein Teile-Programm anbieten, das einen 58seitigen Katalog füllte. Darin fanden die Escort- und Capri-Fahrer nahezu alles, was das Motorsportlerherz begehrt. Für Escort und Capri standen damals vier verschiedene Leichtmetallfelgentypen mit TÜV-Zulassung zur Verfügung, vier Größen für den Escort, von 6″ bis 8″ Breite. Auf den breiten, dreiteiligen BBS-Felgen durften sowohl beim Escort als auch beim Capri Reifen bis zur Dimension 235/60 VR 13 gefahren werden. Diese auch für heutige Verhältnisse noch beeindruckenden "Schluffen" erforderten selbstverständlich mehr oder weniger umfangreiche Änderungen an Fahrwerk und Karosserie, um die höheren Kräfte, die auf die Radaufhängungen einwirkten, zu beherrschen, bzw. um die voluminösen Räder in der Karosserie unterzubringen.

Logischerweise waren die dafür notwendigen Bauteile im RS-Programm zu finden. Kleine und große Kotflügelverbreiterungen gab es für den Escort und für den Capri sogar komplette Kotflügel und hintere Seitenteile aus GfK, die nebenbei noch eine Gewichtseinsparung von 47 kg gegenüber den Serienteilen aus Stahl brachten.

Während die Escort-Vorderachse bei der Umrüstung auf 8" breite BBS-Felgen nicht geändert werden mußte, waren beim Capri anstelle des Querstabilisators Schubstreben vorgeschrieben, wenn auf 9"-Felgen umgebaut wurde. Außerdem war für beide Fahrzeuge eine Lenkung mit einem geringeren Lenkeinschlag erforderlich.

Die Liste der Fahrwerks-Tuningteile im 1972er RS-Katalog ließ kaum Wünsche offen. Wer Spaß an einem sportlichen Fahrwerk für den normalen Straßenverkehr hatte, wurde ebenso fündig wie der Rallye- oder Rundstreckenfahrer, ob in der Gruppe 1 oder 2. So gab es verstärkte Motorträger für den Rallyeeinsatz und für die Rundstrecke solche mit negativem Sturz; Federbeine und Stoßdämpfer in allen möglichen Abstimmungen, sowie kürzere oder längere Schraubenfedern für die Vorderachse und Spezialblattfedern für die Hinterachse, um das Fahrzeug höher oder tiefer zu legen. Auch eine Spezial-Hinterachse wurde angeboten, die auf der Achse des 3-Liter-Capri basierende "Atlas"-Achse. Sie konnte sowohl für den Escort als auch für den Capri verwendet werden. Vier verschiedene Übersetzungen waren lieferbar. Selbstverständlich fehlten auch so wichtige Zutaten wie verstärkte Kardanwellen und Sperrdifferentiale nicht.

Das Angebot an Motor-Tuningteilen konnte jedoch nur die aktiven Motorsportler erfreuen, denn praktisch alle angebotenen Teile waren für den Wettbewerb bestimmt und hatten keine Straßenzulassung. Allerdings hinderte das einige Zeitgenossen nicht daran, ihrem Alltagsgefährt trotzdem einige PS mehr zu spendieren, besonders mit Maßnahmen, die nicht so schnell auffielen. Erst in den folgenden Jahren beinhaltete das RS-Programm mehr und mehr Tuningteile mit TÜV-Segen.

Wie gesagt, es gab feine Sachen, um Capri- und Escort-Rennmotoren aufzubauen. Für den Capri wurden V6-Hochleistungs-Zylinderblöcke angeboten von 2300 – 2600 cm^3. Mit speziellen Langhubkurbelwellen und dazu passenden Kolben war eine Hubraumerhöhung bis auf 2810 cm^3 möglich. Modifizierte Zylinderköpfe fehlten ebenso wenig wie scharfe Nockenwellen, verstärkte Ventilfedern, superleichte Stößel und Stößelstangen, übergroße Ein- und Auslaßventile, Hochleistungsöl- und Wasserpumpen, usw. Nur Systeme für die Gemischaufbereitung, also Vergaser und Einspritzanlagen, bot Ford damals nicht im RS-Programm

"Roll-out" eines auf Breitreifen umgerüsteten Capri. George Venieris leistete für die RS-Abteilung viel Pionier-Arbeit.

an. Allerdings dürften die meisten RS-Händler in der Lage gewesen sein, ihren Kunden in dieser Beziehung weiterzuhelfen.

Ähnlich komplett wie für den Capri war das Angebot für Escort-Rennmotoren. Sogar Aluminium-Zylinderblöcke für B.D.A-Motoren (B.D.A.-Motoren waren eine Entwicklung von Cosworth mit zwei obenliegenden Nockenwellen und vier Ventilen pro Zylinder) bis 2000 cm^3 Hubraum waren zu haben.

Renngetriebe, Hochleistungskupplungen, Spezialauspuffanlagen, GfK-Leichtbauteile wie Kotflügel, Türen und Hauben für den Capri und eine Wettbewerbs-Rohkarosserie für den Escort rundeten das Angebot für den Motorsport ab.

Sowohl für Rennsport als auch für den Strassenverkehr geeignet waren so nützliche Dinge wie Sport- und Rennschalensitze, Front- und Heckspoiler, Motorölkühler, Überrollbügel, Magnesiumschutzschilde für die Ölwanne oder Hosenträgergurte, die der RS-Katalog außerdem bereithielt.

Der für damalige Zeiten einmalige Umfang des RS-Teile-Programms zeigt, wie ernsthaft Ford bemüht war, die großartigen Erfolge der Ford-Renner zur Marken-Imagepflege an der "Basis" einzusetzen, natürlich neben den üblichen Maßnahmen in den Medien. Konkret gesagt: Ein guter Name im Motorsport hat direkten Einfluß auf den Absatz bestimmter oder aller Modelle einer Marke, selbst bei Autofahrern, die sich kaum für den Motorsport interessieren.

Im Laufe der 70er Jahre baute Ford das RS-Programm weiter aus, insbesondere den Bereich der im Straßenverkehr zugelassenen Teile. Die Modelle Taunus, Fiesta und Granada wurden miteinbezogen. Bedingt durch die anhaltenden Motorsporterfolge der Escorts und Capris bis Anfang der 80er Jahre, war die Zubehörnachfrage für diese beiden Modelle bis zur Schließung der RS-Abteilung am größten.

Ende 1983 stellte Ford den RS-Teile-Vertrieb in der ursprünglichen Form ein. Der Umfang des RS-Programms wurde stark eingeschränkt und umfaßte nur noch Felgen sowie aerodynamische und optische Umbauteile. Der Vertrieb wurde in das normale Händler-Ersatzteilsystem integriert.

Mit Umrüstteilen aus dem RS-Teile-Programm wurden der Escort RS 2000 (oben) und der Capri II (unten) veredelt. Beide Fahrzeuge rollen auf 7,5" x 13 Alu-Felgen und Reifen 235/60 x 13.

Auf beeindruckende Walzen konnte man schon 1970 seinen Capri stellen.

Auch in England wurde 1972 das RS-Programm eingeführt.

Von Abgas-Turboladern, »kurzen Achsen« und »Ventilflattern«

Die technische Seite des Automobil-Tunings

Viele Gebiete des Tunings stehen in engem Zusammenhang mit komplexer Technik. Nicht jeder Zeitgenosse, der sein Fahrzeug in irgendeiner Form technisch oder optisch verändern möchte, bringt das technische Verständnis mit, um die Zusammenhänge zwischen Ursache und Wirkung zu verstehen. Selbstverständlich weiß fast jeder, daß ein Turbolader die Leistung erhöht und ein Spoiler an der richtigen Stelle den Auftrieb oder den Luftwiderstand reduziert. Nur warum das so ist, wissen die wenigsten. Es kann aber sicher nicht schaden, sich etwas mit der Materie vertraut zu machen, bevor man sich in den Fachhandel begibt und mit Vokabeln des "Tuning-Chinesisch" konfrontiert wird wie "scharfe Nockenwellen", "Hosenrohr", "kurze Achse" oder "Waste-Gate". Dieses Kapitel beschäftigt sich daher mit den technischen Zusammenhängen des Automobil-Tunings, nach den einzelnen Baugruppen und Maßnahmen getrennt.

Motor-Tuning

VERGRÖSSERUNG DES HUBRAUMS

Welche Leistung ein Motor entwickelt, hängt davon ab, wieviel Luft-Kraftstoffgemisch er in einer bestimmten Zeiteinheit verbrennen kann. Bei der Verbrennung des Gemischs entstehen im Zylinder Temperaturen von etwa 2500 Grad Celsius und ein sehr hoher Druck, der den Kolben abwärts bewegt. Soll die Leistung eines Motors erhöht werden, muß also eine größere Menge Luft-Kraftstoff-Gemisch bei einem Arbeitstakt verbrannt werden, was durch verschiedene Maßnahmen erreicht werden kann.

Die einfachste Möglichkeit ist die Vergrößerung des Hubraumes, indem der Zylinderdurchmesser aufgebohrt oder eine Kurbelwelle eingebaut wird, die den Hub des Kolbens vergrößert. In dem größeren Zylindervolumen kann mehr Gemisch verbrannt werden. Der Hubraum eines Motors errechnet sich aus der Zylinderbohrung und dem Hub des Kolbens eines Zylinders, multipliziert mit der Anzahl der Zylinder.

Ein aktuelles Beispiel für die Leistungssteigerung durch Hubraumerhöhung ist der 1858 m^3-CVH-Motorblock der Fa. Richter in Kassel. Dieser Motorblock kann sowohl im Escort XR3i als auch im Fiesta XR2 mit TÜV-Zulassung gefahren werden. Der aufgebohrte Zylinderblock wird im Tausch gegen den alten Block geliefert und beinhaltet neue Spezialkolben und eine Kurbelwelle mit größerem Hub. Um einen ruhigen Motorlauf zu erreichen, sind alle Teile ausgewogen und -gewuchtet. Mit Serienzylinderkopf und Seriennockenwelle leistet dieser Motor bei einer

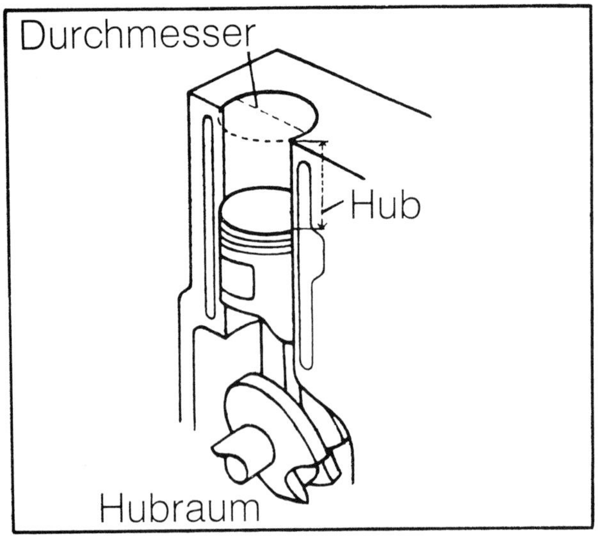

Der Hubraum errechnet sich aus der Zylinderbohrung, dem Hub und der Anzahl der Zylinder.

Verdichtung von 9,8:1 im Escort 130 PS und im Fiesta 114 PS.

DIE NOCKENWELLE

Eine weitere Möglichkeit, die Zylinderfüllung zu erhöhen, ist die Modifikation des Ventiltriebs, gesteuert über die Nockenwelle. Unter Tuning-Fans hört man über Nockenwellen manchmal die abenteuerlichsten Geschichten, wenn es um Drehzahlen und Leistungssteigerung geht. Es ist allerdings richtig, daß die Nockenwelle beim Motor-Tuning eine besondere Rolle spielt.

Grundsätzlich haben alle Nockenwellen denselben Zweck, nämlich die Ein- und Auslaßventile eines Motors zu öffnen und zu schließen. In diesem Zusammenhang sind vier wichtige Faktoren zu beachten:

- der Öffnungs- und Schließzeitpunkt
- die Öffnungsdauer
- die Überschneidung von Öffnen und Schließen
- die Hubhöhe

Diese vier Faktoren bestimmen, wie schnell und in welcher Menge das Kraftstoff-Luft-Gemisch in den Brennraum gelangt und wie schnell die verbrannten Gase entweichen. Nun gibt es aber verschiedene Nockenwellen, die sich dadurch unterscheiden, wie sie ihre Aufgabe erfüllen: ob sie die Ventile schneller und weiter öffnen, sie länger offen halten und schneller wieder schließen.

Beim Tuning kommt es darauf an, die für die gewünschte Motorleistung richtige Nockenwelle zu bestimmen. Aber Vorsicht: Übermäßiges Verändern der Öffnungs- und Schließzeiten, der Öffnungswinkel und Überschneidungen können den Leistungscharakter und die Haltbarkeit des Motors negativ beeinflussen.

Erinnern wir uns: ein Viertaktmotor arbeitet, wie es der Name schon sagt, in einem Viertaktzyklus:

1. Ansaugen des Gemischs
2. Verdichten des Gemischs
3. Verbrennen des Gemischs
4. Ausstoßen der verbrannten Gase

Jeder Zyklus bedeutet eine halbe Kurbelwellendrehung, also eine Drehung um 180 Grad. Alle vier Takte zusammen benötigen also zwei Kurbelwellendrehungen oder 720 Grad. Die Nockenwelle dreht sich nur halb so schnell wie die Kurbelwelle. Sie hält die Einlaßventile über einen bestimmten Winkel, bezogen auf die Kurbelwellendrehung, geöffnet. Dieser Winkel heißt Ventilöffnungswinkel oder im automobiltechnischen Umgangsdeutsch auch "Steuerzeit". Die Ventilöffnungswinkel sind abhängig von der Form und Anordnung der Nokken auf der Nockenwelle.

Nicht nur feste Körper, auch Gase besitzen eine Masseträgheit, so auch die Gase, die in bzw. aus dem Zylinder strömen. Je höher die Motordrehzahl, um so störender wirkt sich die Masseträgheit nach dem Öffnen der Ventile auf den Strömungsablauf im Zylinder aus, weil die Gase viel weniger Zeit haben, in den Zylinder zu gelangen oder ihn zu verlassen. Um diese Erscheinung auszugleichen, läßt man das Einlaßventil schon öffnen, bevor der Kolben den oberen Umkehrpunkt (O.T.) erreicht hat. Das Auslaßventil schließt erst, wenn der Kolben schon wieder nach unten geht (beim

Übergang vom 1. zum 4. Takt). Das bedeutet, daß Ein- und Auslaßventil über einen bestimmten Winkel der Kurbelwellendrehung gleichzeitig geöffnet sind. Diesen Zustand nennt man "Überschneidung".

Das Arbeitsprinzip des Viertakt-Ottomotors.

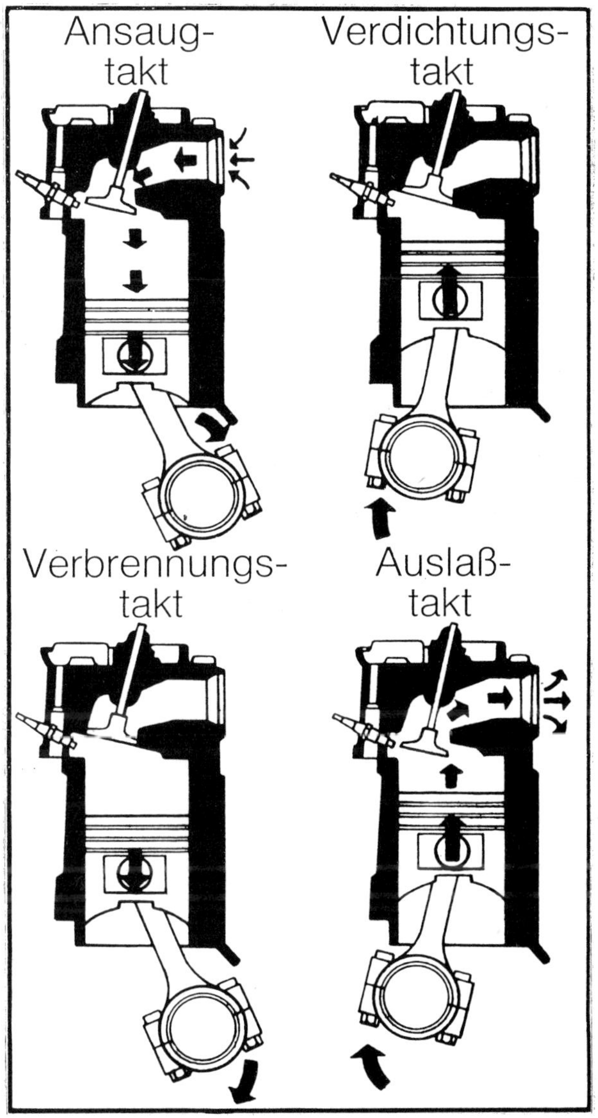

Die Überschneidung der Öffnungswinkel von Einlaß- und Auslaßventil hat noch einen weiteren Effekt: Kurz bevor der Kolben den oberen Umkehrpunkt (oder besser gesagt: den oberen Totpunkt) erreicht, ist das Auslaßventil noch und das Einlaßventil bereits geöffnet. Die mit großer Geschwindigkeit abströmenden Verbrennungsgase reißen durch das geöffnete Einlaßventil schon Frischgase mit, was eine saubere Spülung des Brennraumes zur Folge hat.

Hochleistungsnockenwellen haben Überschneidungen bis zu 70 Grad und Öffnungswinkel von mehr als 300 Grad. Sie bringen jedoch nur in hohen Drehzahlbereichen einen Leistungszuwachs, während bei niedrigen Drehzahlen sogar ein Leistungsabfall in Kauf genommen werden muß. Solche "scharfen" Nockenwellen sind für Wettbewerbsmotoren bestimmt und eignen sich nicht zum Tunen straßentauglicher Motoren.

Thema Nockenwellen

Nockenwellen mit großen Öffnungswinkeln und Überschneidungen sorgen für eine gute Zylinderfüllung und damit viel Leistung in hohen Drehzahlbereichen. Sie reduzieren jedoch die Leistung in niedrigen Drehzahlbereichen und bewirken einen unsauberen Leerlauf, wenn nicht gleichzeitig die Verdichtung angehoben wird.

Nockenwellen mit kleinen Öffnungswinkeln und kürzeren Überschneidungen bringen Vorteile in den unteren Drehzahlbereichen und sorgen für einen guten Leerlauf. In oberen Drehzahlbereichen lassen sie jedoch keine hohen Leistungen zu.

Bei der Wahl einer Nockenwelle zur Leistungssteigerung sollten sich »Hobby-Tuner« immer von einem Fachmann beraten lassen.

Eine Leistungssteigerung ohne Vergrößerung des Hubraums geht meistens mit einer Erhöhung der Höchstdrehzahl einher, besonders wenn scharfe Nockenwellen eingebaut werden. Motoren, die weit über 6000/min drehen, benötigen doppelte oder härtere Ventilfedern, damit die Ventile auch noch schnell genug schließen, um ein "Ventilflattern" zu vermeiden. Ventilflattern tritt dann auf, wenn die Stößel den Nocken bei hoher Drehzahl nicht mehr folgen können und dadurch die Ventile so hart auf den Ventilsitz aufschlagen, daß sie zurückprallen und sich dabei nochmals, jedoch unkontrolliert, öffnen. Dieser Erscheinung wirken verstärkte Ventilfedern entgegen.

Doppelte Ventilfedern sollen Ventilflattern verhindern.

Moderne Motoren sind zum Teil mit hydraulischen Stößeln ausgestattet, die das Ventilspiel automatisch ausgleichen und das Ventileinstellen über lange Zeit überflüssig machen. Dennoch sind die meisten dieser Hydrostößel bei höheren Drehzahlen überfordert, weil sie den Druck nicht halten können. In diesem Fall müssen solche Stößel durch sogenannte "Anti-Pump-Stößel" ersetzt werden, die länger den Druck halten und höhere Drehzahlen ermöglichen.

Dieser überarbeitete Zylinderkopf bringt für den XR3i (CVH) 23 PS mehr.

Viele Automobilhersteller bieten heute Motoren an, die serienmäßig mit vier Ventilen pro Zylinder ausgestattet sind, zwei Einlaß- und zwei Auslaßventile. Dadurch wird ein wesentlich besserer Gasaustausch als bei Zweiventilmotoren erreicht und damit eine Leistungssteigerung. Ford rüstet den Sierra Cosworth mit einem solchen Vierventilmotor aus.

Leistungshungrige Autofahrer, die ein Fahrzeug mit herkömmlichem Zweiventilmotor besitzen, können durch fachmännische Nacharbeit des Zylinderkopfes und der Ventile noch zusätzliche Leistung freisetzen. So lassen sich zum Beispiel die Ventilöffnungen im Zylinderkopf vergrößern und Ventile mit entsprechendem Durchmesser einbauen. Sogar die Bearbeitung der Form von Ventilen und Ventilsitzen kann die Leistung positiv beeinflussen.

Durch Nacharbeiten der Ein- und Auslaßkanäle im Zylinderkopf kann eine bessere Gemischströmung und eine bessere Zylinderfüllung erreicht werden. Dabei wird in den Kanälen an bestimmten Stellen Material weggenommen, und die Kanäle lassen sich noch polieren. Allerdings müssen bei solchen Arbeiten die Strömungsverhältnisse im Zylinderkopf unbedingt berücksichtigt werden, weil sonst die Leistungssteigerung ausbleibt oder gar der umgekehrte Effekt eintritt. Hier handelt es sich also um Arbeiten für Fachleute.

Insgesamt ist es wenig sinnvoll, einzelne Tuning-Maßnahmen isoliert durchzuführen, obwohl dadurch hier und da gewisse Erfolge zu erzielen sind. Die richtige Wirkung tritt aber erst im Zusammenspiel verschiedener Modifikationen ein. So kann eine gute Nockenwelle nur dann richtig ihre leistungssteigernden Qualitäten entwickeln, wenn dafür die Gemischaufbereitung, also Vergaser oder Einspritzanlage, optimal abgestimmt sind. Eine entsprechende Auspuffanlage gehört auch dazu. Mit diesen Systemen werden wir uns in den nächsten Abschnitten beschäftigen.

DIE GEMISCHAUFBEREITUNG

Wie schon erwähnt, hängt die Leistung eines Motors eng damit zusammen, wieviel "Futter" er pro Arbeitstakt verwerten kann. Bis jetzt ging es darum, wie man den Motor möglichst effektiv füttert, jetzt geht es darum, wie dieses Futter möglichst ausgewogen zubereitet wird.

Die häufigsten Gemischküchen für Automotoren sind immer noch Vergaser, obwohl die Verbreitung von Einspritzanlagen stark zugenommen hat. Weil fast jeder Serienvergaser damit überfordert ist, für einen getunten Motor das richtige Gemisch zu liefern, ist es zwingend erforderlich, eine Vergaseranlage zu installieren, die unter allen Betriebsbedingungen das optimale Kraftstoff-Luft-Gemisch liefern kann. Je nach Tuningstufe kommen dabei modifizierte Serienvergaser, meistens jedoch neue Register- oder Doppelvergaser, in Frage. Vergaser des Herstellers Weber spielen speziell im Zusammenhang mit Ford-Tuning schon seit Jahrzehnten eine besondere Rolle.

Sehen wir uns die häufigsten Vergasertypen etwas näher an. Viele Automobile der unteren Leistungsklasse sind mit Einfachvergasern ausgerüstet. Das sind Vergaser mit nur einem Durchlaß, einer Drosselklappe und einer Schwimmerkammer. In gewissen Grenzen kann die Leistungsfähigkeit von Einfachvergasern gesteigert werden, indem die Düsenbestückung geändert wird.

Neben Einfachvergasern gibt es die Mehrfachvergaser. Die gebräuchlichsten Arten sind hier die Register- und Doppelvergaser. Eigentlich ist ein Registervergaser auch ein Doppelvergaser, er arbeitet nur nach einem anderen Prinzip. Beide Vergasertypen haben zwei Durchlässe, zwei Drosselklappen und eine gemeinsame Schwimmerkammer. Im Gegensatz zum Doppelvergaser, bei dem ständig beide Drosselklappen aktiv sind, öffnet beim Registervergaser im unteren Leistungsbereich nur eine Drosselklappe und erst bei Bedarf und höheren Drehzahlen wird der zweite Durchlaß zugeschaltet.

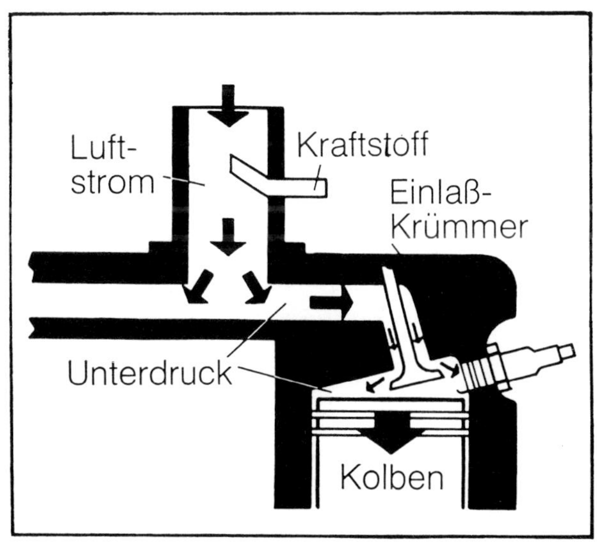

Schematische Darstellung der Gemischaufbereitung bei einem Saugmotor.

Bei den meisten Registervergasern wird dieser Vorgang über Unterdruck gesteuert, bei einigen aber auch mechanisch über die Gaspedalstellung. Jeder Durchlaß eines Doppelvergasers mündet in ein separates Ansaugrohr, während die beiden Mischkammern eines Registervergasers in einem gemeinsamen Ansaugrohr münden.

Beide Vergasertypen, der Doppelvergaser jedoch mehr als der Registervergaser, eignen sich für den Einsatz am getunten Motor und werden deshalb entsprechend oft verwendet.

Eichberg rüstet den Escort RS 2000 (OHC) auf 148 PS um, wobei u. a. Weber-Doppelvergaser eingesetzt werden.

Der Vergaser soll, wie gesagt, Luft und Kraftstoff im richtigen Verhältnis mischen. Der Einlaß- oder Ansaugkrümmer führt dieses Gemisch dann zu den einzelnen Zylindern. Auf dem Weg durch den Einlaßkrümmer und die Kanäle im Zylinderkopf verdunstet der Kraftstoff, das Gemisch wird gasförmig. Für eine vollständige Verbrennung sind pro kg Kraftstoff etwa 14,2 kg Luft erforderlich. Aus verschiedenen Gründen kann es sinnvoll sein, Hochleistungsmotoren mit Kraftstoffüberschuß zu versorgen, etwa im Verhältnis 13:1. Zum Beispiel kann fetteres Gemisch im oberen Drehzahlbereich vorteilhaft sein. Außerdem verbrennt es nicht so heiß wie mageres Gemisch und es kommt nicht so schnell zu thermischen Problemen.

Wer sich für eine Hochleistungsvergaseranlage interessiert, sollte nur auf erprobte und komplette Anlagen zurückgreifen, die für den jeweiligen Ford empfohlen werden. Zu einer kompletten Anlage gehören fast immer ein spezieller Ansaugkrümmer, Luftfilter und die Gasbetätigung.

Neben dem Vergaser hat sich heute das Prinzip der Benzineinspritzung im Automobilbau etabliert. Beide Systeme haben dieselbe Aufgabe, sie erfüllen sie jedoch nach verschiedenen Prinzipien. Beim Vergaser wird das Kraftstoff-/Luftgemisch in den Ansaugkrümmer eingesaugt. Bei der Einspritzanlage wird der Kraftstoff dagegen direkt in das Ansaugrohr eingespritzt, teilweise direkt auf die Rückseite des Einlaßventils.

Die Förderung und Dosierung der Kraftstoffmenge besorgt entweder eine mechanische Einspritzpumpe oder die Kraftstoffdosierung wird elektronisch gesteuert, wobei eine separate Pumpe den notwendigen Druck liefert. Solche elektronischen, computergesteuerten Einspritzanlagen arbeiten präzise unter allen Einsatzbedingungen.

Einspritzanlagen sind technisch komplizierter und aufwendiger als Vergaser und deshalb auch teuerer. Dafür leisten mit Einspritzanlagen ausgerüstete Motoren mehr als vergleichbare Vergasermotoren und stoßen weniger Schadstoffe aus.

Die Umrüstung auf eine Einspritzanlage bieten verschiedene Ford-Tuner an. So die Fa. Eichberg-Motorsport zum Beispiel eine Bosch K-Jetronic Einspritzanlage für den Fiesta XR2. In Verbindung mit einer Sportauspuffanlage wird dadurch die Leistung von 96 PS auf 115 PS gesteigert. Die Fahrleistungen sind entsprechend beeindruckend: Spitze 195 km/h und in 8,9 Sekunden von 0 – 100 km/h. Der Motor des sereinmäßig mit einer Einspritzanlage ausgerüsteten XR2i ab 1989 leistet 104 PS (76kW).

Auch das Tuning eines Motors mit Einspritzanlage ist möglich. Dabei müssen andere Einspritzdüsen eingebaut oder die Steuerchips der Elektronik gegen entsprechend programmierte ausgetauscht werden. Logisch, daß hier nur Profis tätig werden können.

Der Abgas-Turbolader ist keineswegs, wie viele vielleicht glauben, eine automobiltechnische Errungenschaft der letzten Jahrzehnte. Bereits Ende der zwanziger Jahre wurde mit dieser Technik an Dieselmotoren experimentiert und in den dreißiger Jahren waren Abgas-Turbolader an Dieselmotoren von Schiffen oder Lokomotiven nichts Besonderes mehr. Wenig später entdeckten auch die Flugzeugbauer diese Möglichkeit der Leistungssteigerung, die besonders in größeren Höhen ihre Vorzüge richtig ausspielen kann, dort wo der Sauerstoff knapp wird und die Motoren unter arger Atemnot leiden. Im damaligen Automobilbau jedoch dominierte das mechanische Pendant zum Abgas-Turbolader, der Kompressor.

In den fünfziger Jahren eroberte sich der Abgas-Turbolader seinen festen Platz im Lkw-Motorenbau, und erst in den Sechzigern wagten sich Ingenieure von General Motors daran, die Leistung von Benzinmotoren mittels Abgas-Turboaufladung zu erhöhen. Die Versuche waren allerdings nicht sehr erfolgreich. Zwar konnte die Leistung des Chevrolet-Corvair-Motors, ein luftgekühlter Sechszylinder-Boxermotor, um fast 100% gesteigert werden, im normalen Straßenverkehr jedoch war davon kaum etwas zu spüren, weil die Leistungssteigerung sich erst in einem sehr hohen Drehzahlbereich einstellte. Die Ingenieure sahen sich nicht in der Lage, dieses Problem kurzfristig zu lösen und die Entwicklung der neuen Technik wurde zunächst nicht weiter vorangetrieben.

In Europa beschäftigte sich Ende der sechziger Jahr der Schweizer Michael May mit der Turbo-Technik. Er experimentierte hauptsächlich mit dem 2,3 l-V6-Ford-Motor, der damals im Ford 20 M P7 und im Capri seinen Dienst verrichtete. Diese Versuche verliefen sehr viel erfolgreicher als die der Amerikaner, denn May verwendete einen Lader, der schon bei niedrigeren Drehzahlen Ladedruck erzeugte und dem Ford-V6-Motor zu einer Leistungssteigerung von 108 auf 180 PS verhalf. Sogar der TÜV erteilte seinen strengen Segen dazu.

Etliche 20 M- und Capri-Fahrer ließen ihre Fahrzeuge mit dem Turbo-May-System ausrüsten. Allerdings: auch diese Turbo-Motoren vermochten im Fahrbetrieb noch nicht so richtig zu überzeugen und sie entwickelten teilweise einen gehörigen Durst.

Als erster deutscher Automobilkonzern brachte BMW mit dem "2002 Turbo" ein Automobil auf den Markt, das serienmäßig mit einem Abgas-Turbolader ausgerüstet war. Zu früh, wie sich herausstellte, denn der mit dem Turbo-May-System und einer Kugelfischer-Einspritzanlage bestückte Motor machte den 2002-Fahrern großen Kummer. Thermische Probleme, abgerissene Auspuffrohre und unangenehme Vibrationen waren die häufigsten Beanstandungen. Die Turbo-Technik war noch nicht ausgereift, und nach zwei Jahren stellte BMW 1975 die Produktion des 2002 Turbo ein.

Heute bereitet die Turbo-Technik den Automobilbauern keinerlei Probleme mehr. Die Systeme und Werkstoffe sind soweit entwickelt, daß größte Zuverlässigkeit und Alltagstauglichkeit erreicht wird.

Selbstverständlich hat der Abgas-Turbolader auch Einzug in die Tuning-Technik gehalten, denn mit relativ geringem technischen Aufwand lassen sich erhebliche Leistungssteigerungen erreichen. Welche Leistungsausbeute bei Turbo-Motoren möglich sind, haben die mittlerweile nicht mehr zulässigen Formel I-Turbo-Motoren gezeigt. Bei Trainingsmotoren wurden Leistungen von über 1000 PS aus 1500 cm³ Hubraum realisiert. Das ergibt eine Literleistung von über 660 PS! Der beste Saugmotor der Saison 1989, der Honda-Motor, entwickelte rund 650 PS aus 3500 cm³, woraus sich eine Literleistung von knapp 200 PS errechnet.

Insgesamt geht die Leistungssteigerung mittels Turbo-Aufladung wesentlich weniger zu Lasten der Gesundheit des Motors als herkömmliche Tuningmethoden, die schon recht radikal ausfallen

Wie funktioniert ein Abgas-Turbolader?

Jedes Feuer brennt um so besser, je mehr Luft ihm zugeführt wird. Der Turbolader sorgt dafür, daß dem Motor wesentlich mehr Luft für den Verbrennungsvorgang zugeführt wird, als dieser sich allein durch sein eigentliches Arbeitsprinzip, das Ansaugen der Frischluft durch den abwärtsgehenden Kolben, beschaffen kann. Wird der Anteil der Luft erhöht, so kann auch mehr Kraftstoff, also mehr Energie zugesetzt werden.

Vereinfacht erklärt besteht der Turbolader aus zwei Schaufelrädern, die über eine Welle starr miteinander verbunden sind. Das eine Schaufelrad sitzt im Auspuffkrümmer und wird durch die ausströmenden Verbrennungsgase in Drehung versetzt. Dadurch treibt es über die Welle das Schaufelrad im Ansaugtrakt des Motors an. Dieses Schaufelrad preßt durch seine Rotation Frischluft in Richtung Verbrennungskammer. Auf dem Weg dorthin setzt der Vergaser oder die Einspritzanlage Kraftstoff hinzu, so entsteht ein zündfähiges Gemisch, das mit Überdruck in die Verbrennungskammer gedrückt wird. Bei Turboladern, wie sie im Serienautomobilbau oder für Tuningzwecke eingesetzt werden, beträgt der Ladedruck etwa 0,5 bis 0,7 bar, bei Rennmotoren sind es bis über 4 bar. Auf diese Weise kann pro Arbeitstakt wesentlich mehr Gemisch verbrannt werden als bei herkömmlichen Saugmotoren und die Leistung steigt entsprechend an. Ein Beispiel: Eichberg-Motorsport bietet für den Capri 2.8i eine Abgas- Turboanlage an, die in Verbindung mit einer Hochleistungsauspuffanlage aus serienmäßigen 160 PS locker 204 PS macht. Der Ladedruck beträgt dabei bescheidene 0,35 bar. Wem das nicht reicht, der kann sich ein Ladedruckregelventil einbauen lassen, das vom Fahrersitz aus betätigt werden kann. Mit dem »Dampfrad« kann der Ladedruck und damit die Leistung während der Fahrt erhöht werden.

müßten, um annähernde Leistungswerte zu erreichen.

Natürlich kann man die Leistung mittels Turbolader bis zum Exitus des Motors hochtreiben, aber wer will das schon? Damit der Ladedruck in für den Motor auf Dauer erträglichen Grenzen bleibt, wird ein Überdruckventil eingebaut, englisch auch "Waste Gate" genannt. Dieses Ventil sorgt für Ladedruckminderung, bevor es gefährlich wird.

Die Schaufelräder eines Abgas-Turboladers drehen sich bei voller Leistung bis zu 150.000 mal pro Minute und müssen Spitzentemperaturen von 1000 Grad Celsius vertragen. Logisch also, daß für die Herstellung von Turboladern nur allerbeste Materialien verwendet werden. Die Lager der Schaufelräder werden durch einen Ölkreislauf gekühlt und geschmiert, der an das Schmiersystem des Motors angeschlossen ist.

Hohe Temperaturen verursachen auch Proble-

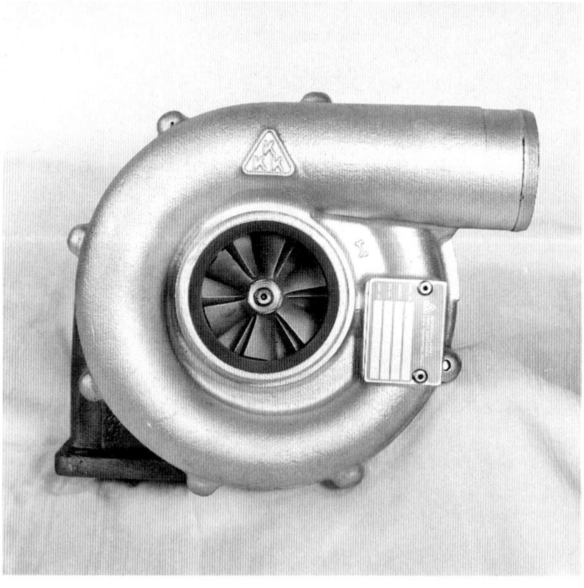

Ein Abgas-Turboladergehäuse von der Fa. KKK.

me bei der herangeschaufelten Frischluft. Sie heizt sich an den heißen Bauteilen des Ladersystems auf und wird außerdem durch den Verdichtungsvorgang erhitzt. Heiße Luft aber hat weniger Volumen als kalte. Dieser unerwünschten Erscheinung wird durch den Einbau eines Ladeluftkühlers begegnet. Der Ladeluftkühler sitzt auf dem Weg zwischen dem Turbolader und dem Luftsammler und reduziert die Ladelufttemperatur um bis zu 60 Grad.

Die meisten Ford-Tuner bieten heute Turbolader-Kits an. Auch der nachträgliche Einbau von Turboladern bereitet im Alltagsbetrieb keine Probleme, wenn Gemischaufbereitung und Zündung auf den Turboladerbetrieb abgestimmt werden. Durch die Aufladung nimmt allerdings die thermische und mechanische Belastung des Motors zu. Aus diesem Grund sind bei Serien-Turbomotoren diese Bauteile aus Materialien hergestellt, die diesen spezifischen Belastungen Rechnung tragen. Außerdem wird das Verdichtungsverhältnis solcher Motoren verringert, um die Verbrennungsdrücke zu reduzieren.

Im Fahrbetrieb sind Turbomotoren mittlerweile recht umgänglich geworden. Bei früheren Systemen sprachen die Lader im unteren Drehzahlbereich kaum an, was sich ungünstig auf den Drehmomentverlauf auswirkte. Im Laufe der Zeit wurde der Durchmesser der Turbinenräder verkleinert, wodurch das Trägheitsmoment verringert wurde. Die Optimierung der Schaufelräderprofile sorgen für bessere Füllung auch schon in Bereichen ab 2000/min.

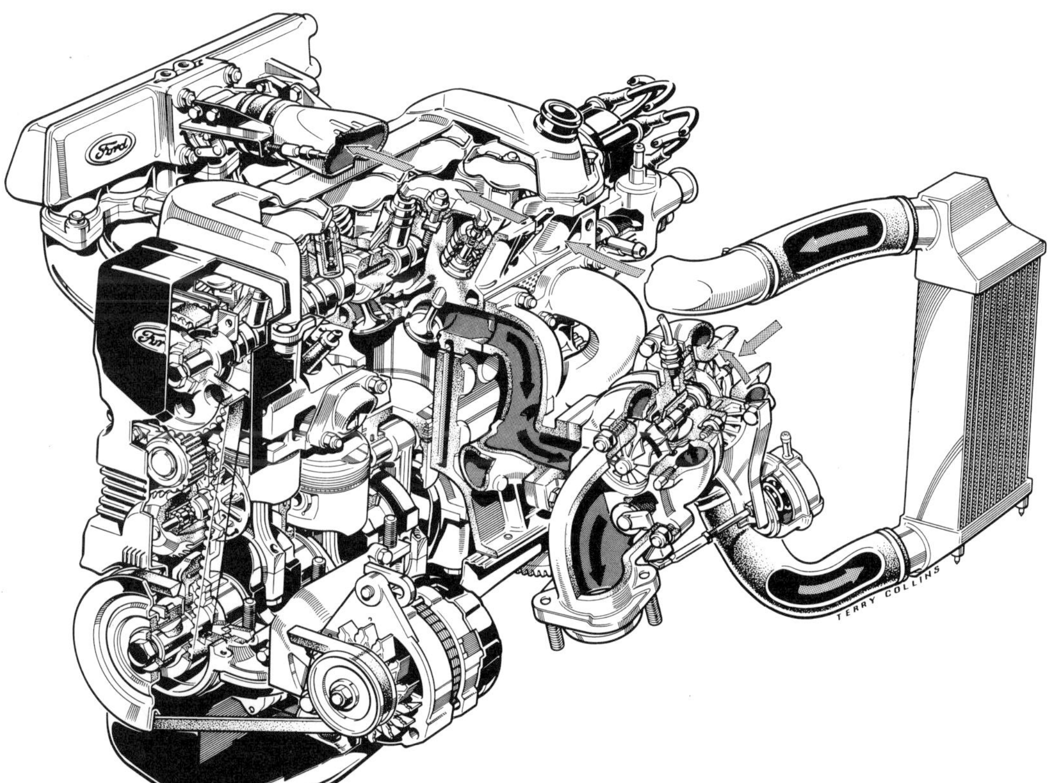

Ein Aufriß des Escort RS 1600 Turbomotors mit Ladeluftkühler.

DIE ERHÖHUNG DES VERDICHTUNGSVERHÄLTNISSES

Wenn der Kolben im Zylinder den oberen Totpunkt erreicht hat, bleibt oberhalb des Kolbenbodens ein Hohlraum übrig – der Brenn- oder Verdichtungsraum. In diesem Brennraum wird das angesaugte Gemisch durch den Kolben zusammengepreßt. Diesen Vorgang nennt man Verdichtung. Das Verdichtungsverhältnis eines Motors ergibt sich aus dem Verhältnis des Hubraumvolumens zum Brennraumvolumen. Beispiel: Bei einem 9.0:1 verdichteten Motor enthält der Brennraum ein Achtel des Hubraumvolumens.

Je größer die Verdichtung, um so mehr Arbeit kann bei der Verbrennung geleistet werden. Die Erhöhung des Verdichtungsverhältnisses bietet sich daher als Tuning-Maßnahme besonders an. Diese Erhöhung wird erreicht, indem das Volumen des Brennraumes im Verhältnis zum Hubraum verkleinert wird. Die gleiche Menge Gemisch wird dann in dem kleineren Brennraum stärker zusammengepreßt als vorher und leistet bei der Verbrennung mehr Arbeit.

Es gibt zwei Möglichkeiten, die Erhöhung des Verdichtungsverhältnisses zu erreichen.

Die einfachere und preiswertere Alternative ist das Abschleifen oder Abhobeln der Zylinderkopfunterseite. Wieviel Substanz weggenommen werden muß, hängt vom gewünschten Verdichtungsverhältnis ab. Dieses Maß läßt sich errechnen. Selbstverständlich ist darauf zu achten, daß zwischen Kolben und den sich öffnenden Ventilen genügend Platz bleibt. Der Abstand sollte mindestens 2 mm betragen. Aber Spezialisten, die solche Modifikationen durchführen, wissen das.

Die zweite Möglichkeit ist sehr viel aufwendiger und teurer. Dabei werden Spezialkolben eingebaut, deren Böden so nach oben gewölbt sind, daß sie beim Erreichen des oberen Totpunktes in den Verbrennungsraum vordringen und so dessen Volumen verkleinern. Auf diese Weise wird das Gemisch höher verdichtet. Aber wie gesagt, das ist eine teuere Lösung und es gibt nur für wenige Motoren die dafür passenden Kolben.

Selbstverständlich hat diese Art der Leistungserhöhung Auswirkungen auf die Substanz und die Laufcharakterisitk des Motors. Hohe Verdichtungsverhältnisse bewirken bei der Verbrennung entsprechend hohe Drücke und Temperaturen, die den gesamten Kurbeltrieb, die Zylinderwände und Zylinderkopfdichtungen stärker belasten. Außerdem neigen hochverdichtete Motoren zum Klopfen, unter bestimmten Betriebszuständen kann es also vorkommen, daß sich das Gemisch schon vorher entzündet und dann unkontrolliert und explosionsartig verbrennt. Dadurch entstehen

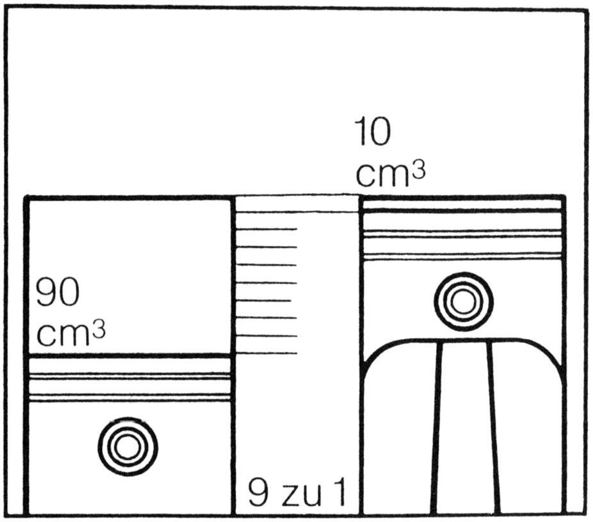

Schematische Darstellung des Verdichtungsverhältnisses.

hohe thermische und mechanische Belastungen für die betroffenen Bauteile. Diese Selbstentzündungen sind im unteren Drehzalbereich häufig als "Klingeln" wahrzunehmen. Das besonders gefährliche "Hochleistungsklopfen" in hohen Drehzahlbereichen hört man nicht. Verbleite Kraftstoffe mindern die Neigung zum "Klopfen". Der Bleianteil in den heute noch verbleiten Kraftstoffen ist aber stark reduziert worden. Deshalb ist die Erhöhung des Verdichtungsverhältnisses auch aus diesem Grund nicht unproblematisch.

Die Motorcharakteristik kann unter der Erhöhung des Verdichtungsverhältnisses leiden, zum Beispiel läßt das Durchzugsvermögen im unteren Drehzahlbereich nach, der Motor springt nicht mehr so gut an und läuft im Leerlauf nicht rund.

Sinnvoll ist die Erhöhung der Verdichtung daher nur im Zusammenhang mit anderen Maßnahmen. So erfordern hohe Kompressionsverhältnisse u.a. eine Hochleistungs-Nockenwelle.

DIE ZÜNDANLAGE

Die klassische Zündanlage besteht aus Zündspule, Verteiler mit Verteilerfinger und Unterbrecherkontakten, Kondensator, Zündkerzen, diverse Stecker und Zündkabel. Die Unterbrecherkontakte steuern den Primärstrom für die Zündspule. Solange die Kontakte geschlossen sind, baut sich in der Zündspule ein Magnetfeld auf. Sobald der Unterbrecher öffnet, bricht das aufgebaute Magnetfeld schlagartig zusammen und entwickelt dabei hohe Spannung. (Wer jemals bei laufendem Motor mit der Hand an eine Zündspule geraten ist, kann ein Lied davon singen.) Die Spannung fließt dann über den Verteiler zur jeweiligen Zündkerze.

Bei dem hohen Druck im Brennraum bilden sich zwischen den Elektroden der Zündkerzen Luftpolster, die nur durch hohe Spannung überbrückt werden können. Die Spannung, die zur Überbrükkung erforderlich ist, wächst mit steigender Verdichtung.

Die Zündspannung nimmt mit zunehmender Drehzahl ab, weil die Zündspule weniger Zeit hat, Spannung aufzubauen.

Eine normale Spulenzündung kann unter Umständen bei hohen Drehzahlen nicht genug Zündfunken produzieren. Das kann bei hochdrehenden Motoren mit mehr als vier Zylindern zu Problemen führen.

Getunte Motoren sind in der Regel höher verdichtet als Serienmotoren und sie drehen fast immer höher. Um optimale Leistungsausbeute zu erzielen, muß die Leistungsfähigkeit der Zündanlage entsprechend verbessert werden.

Man kann zum Beispiel die serienmäßige Zündspule gegen eine Hochleistungszündspule austauschen.

Besser noch ist der Einbau einer Transistor-Spulenzündung. Davon gibt es zwei Systeme, nämlich kontaktgesteuerte und kontaktlose. Bei den kontaktgesteuerten Zündanlagen übernehmen Transistoren die Aufgabe der Unterbrecherkontakte. Sie arbeiten wartungs- und verschleißfrei. Die noch vorhandenen Unterbrecherkontakte schalten lediglich noch den schwachen Steuerstrom des Transistorschaltgerätes. Diese Zündanlagen liefern gegenüber den mechanischen Unterbrechern etwa die doppelte Stromstärke. Die Zündspannung ist höher und die Zündfunken wesentlich stärker. Außerdem kann die Transistoranlage wesentlich mehr Zündfunken produzieren.

Noch einmal eine Steigerung stellt die kontaktlose Transistorzündanlage dar. Hier sind keine mechanischen Kontakte mehr im Spiel. Damit arbeitet dieses System praktisch verschleiß- und wartungsfrei. Die Aufgabe der Unterbrecherkontakte übernehmen hier sogenannte Hallgeber oder Induktionsgeber. Sie steuern auf magnetischem Wege den Transistor. Diese Zündanlagen zeichnen sich durch hohe Leistungsfähigkeit über den gesamten Drehzahlbereich aus. Sie sind in der Lage, weit über 30.000 Zündfunken pro Minute zu liefern. Wegen der relativ einfachen und preiswerten Nachrüstmöglichkeit bietet sich besonders die Anlage mit Hallgeber an. Diese kontaktlose Steuerung kann in den herkömmlichen Zündverteiler eingebaut werden. Hallgeber haben übrigens nichts mit akustischen Erscheinungen zu tun. Sie tragen ihren Namen nach dem amerikanischen Physiker E. H. Hall, der bestimmte elektrophysikalische Eigenschaften von Magnetfeldern entdeckte, die heute zum Beispiel bei modernen Zündanlagen umgesetzt werden.

Die fortschrittlichsten Zündanlagen sind die elektronischen Kennfeldzündsysteme. Ford liefert solche Zündanlagen serienmäßig in Verbindung mit einigen Motoren. Dabei ist dieses Zündsystem in den von Bosch entwickelten "Motronic" Microcomputer integriert, der die Zündung und die Gemischaufbereitung den jeweiligen Betriebszuständen anpaßt. Solche Systeme sind für die nachträgliche Umrüstung allerdings nicht geeignet, weil sie stets auf den betreffenden Serienmotor ausgelegt sind und nicht angepaßt werden können.

Zuverlässigkeit und Leistungsfähigkeit von Motor und Zündung hängen nicht zuletzt von der Verwendung der richtigen Zündkerzen ab. Der Einbau falscher Kerzen kann zu kapitalen Motorschäden führen, zum Beispiel einem Loch im Kolbenboden.

Die Bestimmung der richtigen Zündkerze für einen Serienmotor ist kein Problem. Sowohl die Automobil- als auch die Zündkerzenhersteller schreiben den Wärmewert vor, er ist abhängig von der Verbrennungstemperatur im Motor. Zündkerzen, egal in welchem Motor sie ihren Dienst verrichten, sollen eine Betriebstemperatur von mindestens 500 Grad an der Isolatorspitze erreichen, damit eventuelle Verschmutzungen wie Ölkohle weggebrannt werden. So verschieden Automotoren sind, so verschieden sind auch die Verbrennungstemperaturen, die in den Zylindern herrschen. Grundsätzlich kann man sagen: Je höher die Motorleistung, desto höher auch die Verbrennungstemperatur. Damit Zündkerzen unter den verschiedenen Bedingungen die optimale Arbeitstemperatur erreichen, müssen sie verschiedene Eigenschaften besitzen. Es gibt Kerzen, die viel Wärme aufnehmen und diese relativ langsam ableiten. Das sind Kerzen mit einem niedrigen Wärmewert, geeignet für Motoren mit geringen Verbrennungstemperaturen. Andere, die weniger Wärme aufnehmen und diese auch schneller ableiten, sind Kerzen mit höherem Wärmewert und für leistungsstärkere Motoren mit höheren Verbrennungstemperaturen geeignet.

In getunten Motoren treten andere Verbrennungstemperaturen auf als im Serienmotor und die vorgeschriebenen Kerzen sind womöglich nicht mehr geeignet. Deshalb ist es unerläßlich, in diesem Zusammenhang einen erfahrenen Tuning-Fachmann zu befragen. Auf keinen Fall sollte man selbst herumexperimentieren, um die richtige Zündkerze herauszufinden. Motorschäden sind teuer...

DIE AUSPUFFANLAGE

Alle bisher besprochenen Tuning-Maßnahmen haben mehr oder weniger die Aufgabe, dem Motor eine größere Menge Kraftstoff-/Luftgemisch zuzuführen. Dieses aufgenommene Gas muß der Motor nach der Verbrennung in vervielfachter Menge wieder abgeben können, wozu eine entsprechend leistungsfähige Auspuffanlage vorhanden sein muß, durch die die verbrannten Gase möglichst widerstandsarm abgeführt werden können.

Die größten Gegendrücke in einer Auspuffanlage entstehen im Auspuffkrümmer unmittelbar, nachdem die Auspuffgase den Brennraum verlassen haben.

Im Krümmer (oder auch Auspuffsammelrohr) werden die aus den einzelnen Zylindern austretenden Gase zusammengeführt und in ein, zwei oder mehrere Rohre geleitet, die in einem oder mehreren Schalldämpfern münden.

Der einfachste Weg, die Gegendrücke im Auspuffkrümmer zu verringern, ist die Vergrößerung des Rohrdurchmessers. Aber auch die Führung der Rohre haben einen großen Einfluß. Es gibt Auspuffkrümmer, die so optimal geformt sind, daß die austretenden Gase sogar einen Unterdruck erzeugen und so besonders schnell abfliessen.

Der ungehinderten Gasströmung stehen die Auspuffschalldämpfer entgegen, von denen es meistens einen Vor- und einen Nachschalldämpfer gibt. Bei Zweirohranlagen sind sie doppelt vorhanden. Durch die Schalldämpfung entsteht zwangsläufig ein Rückstau, der Leistung kostet. Schalldämpfung ist aber beim Straßen-Tuning unerläßlich. TÜV, Polizei und Mitmenschen hätten

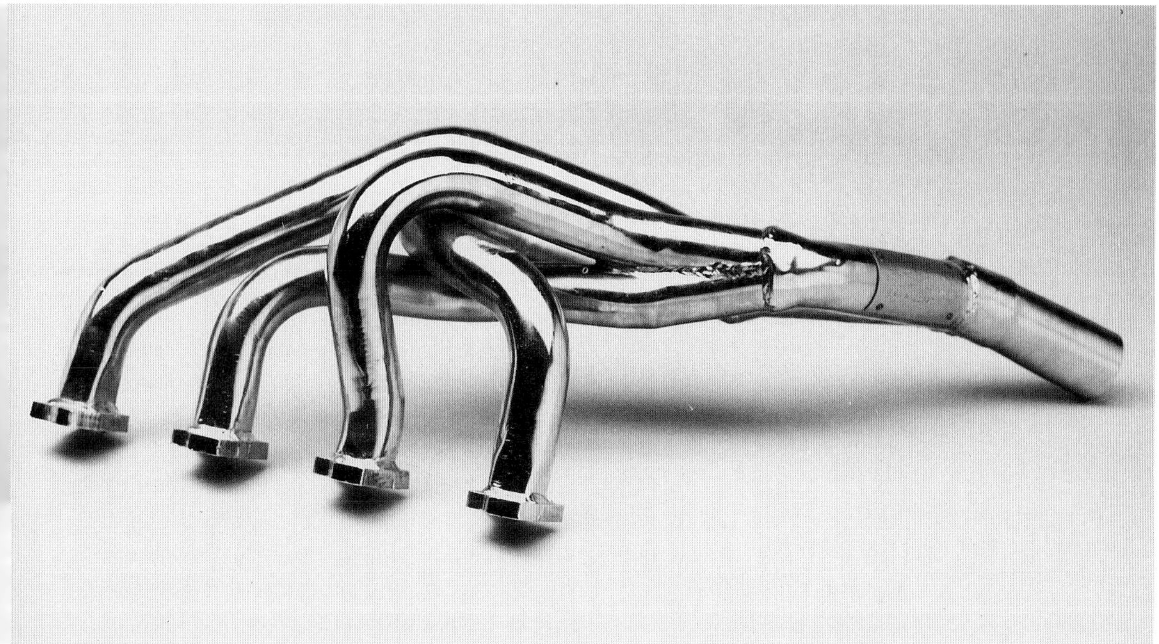

Spezialauspuffkrümmer für 2,0 l-OHC-Motoren (Capri, Sierra).

zurecht etwas gegen offene Rohre einzuwenden. Auch eine Sport- oder Hochleistungsauspuffanlage kann nur ein Kompromiß zwischen optimaler Abgasführung, und damit Leistungsausbeute, und ausreichender Schalldämpfung sein. Obwohl die Großserien-Auspuffanlagen so konstruiert sind, daß sie möglichst geringe Leistungsverluste verursachen, kann eine verkehrstaugliche Hochleistungsanlage durch eine besonders aufwendige und ausgeklügelte Konstruktion noch einige Mehr-PS locker machen. Die einschlägigen Ford-Spezialisten wissen darüber bestens Bescheid.

DAS KÜHLSYSTEM

Ein getunter Motor produziert mehr Leistung als ein Serienmotor, wobei natürlich auch mehr Wärme erzeugt wird, die abgeführt werden muß. In der Regel sind die heutigen, serienmäßigen Kühlsysteme so leistungsfähig, daß sie auch für getunte Motoren ausreichen. Sollten dennoch thermische Probleme auftreten, gibt es Möglichkeiten, die Leistungsfähigkeit der Kühlung zu erhöhen.

So kann man zum Beispiel einen größeren Kühler einbauen oder eine Hochleistungswasserpumpe, die die Kühlflüssigkeit schneller umlaufen läßt. Je nach Gegebenheiten kann durch Einbau von Luftleitelementen die Kühlluftströmung optimiert werden. Wenn nicht schon serienmäßig vorhanden, kann man zusätzlich Kühlflüssigkeits-Thermometer mit Gradeinteilung einbauen, die eine genaue Beurteilung der Kühlflüssigkeitstemperatur erlauben.

DIE MOTORSCHMIERUNG

Das manches besser läuft, wenn gut geschmiert wird, ist eine alte Weisheit, die auch auf Automotoren zutrifft. Fast alle Serienmotoren sind heute mit einer Druckumlaufschmierung mit Ölsumpf ausgestattet. Unter normalen Betriebsbedingungen bereitet die "Naßsumpfschmierung" mit Ölwanne keine Probleme. Anders ist das bei

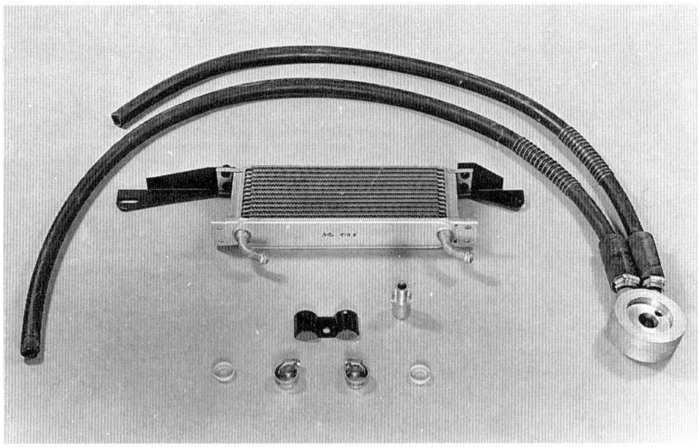

Der Einbau eines Ölkühlers erfordert nicht viel Aufwand.

extremen Fahrzuständen, wie starkes Beschleunigen, Bremsen oder sehr hohe Querbeschleunigungen bei Kurvenfahrten. Durch die hohen Fliehkräfte wird das Öl an die Wände der Ölwanne gedrückt, der Ölstand in der Ölwanne sinkt und die Pumpe kann zeitweise kein Öl mehr ziehen. Dieser Vorgang kann fatale Folgen haben. Aus diesem Grund gibt es Ölwannen, die mit Schottblechen ausgestattet sind. Dadurch wird das unkontrollierte Umherschwappen des Öls vermieden. Klappenventile in den Schottblechen garantieren jedoch einen gleichmäßigen Ölstand in der Wanne.

Die wirksamste Möglichkeit, auch unter extremsten Bedingungen einen zuverlässigen Ölkreislauf zu garantieren, ist der Einbau einer "Trokkensumpfschmierung". Es gibt einige Sportwagen, die mit einem solchen Schmiersystem ausgerüstet sind, überwiegend ist das aber bei reinen Motorsportfahrzeugen der Fall. Im Gegensatz zur Naßsumpfschmierung befindet sich der Ölvorrat beim Trockensumpfsystem in einem seperaten Ölbehälter. Dafür sind zwei Ölpumpen erforderlich: Eine fördert das Öl aus dem Vorratsbehälter in den Ölkreislauf, die andere pumpt das im Motor nach unten ablaufende Öl aus der Wanne direkt wieder in den Vorratsbehälter (deshalb die Bezeichnung "Trockensumpfschmierung"). Die Ölwanne ist bei diesem Schmiersystem wesentlich flacher als beim Naßsumpfsystem. Die Form des Vorratsbehälters muß so gewählt werden, daß die am tiefsten Punkt sitzende Ölpumpe auch in extremsten Situationen Öl in den Schmierkreislauf drücken kann. Die Umrüstung von Naß- auf Trokkensumpf ist in vielen Fällen ohne großen Aufwand möglich. Die meisten Ford-Tuner bieten solche Systeme an. Allerdings ist das perfekte Schmiersystem nicht gerade billig. Nach heutigem Stand ist mit Kosten zwischen 2.500- und 3.000 DM zu rechnen

Daneben darf man die Bedeutung des Ölkreislaufs für die Motorkühlung nicht unterschätzen. Das trifft insbesondere bei Hochleistungsmotoren zu. Bei einigen getunten Serienmotoren kann je nach Grad der Leistungssteigerung auch im normalen Straßenbetrieb eine stärkere Einbeziehung des Schmiersystems in die Motorkühlung notwendig werden.

Es geht darum, die Temperatur des zirkulierenden Öls herabzusetzen. Als einfachste Lösung bietet sich der Einbau einer größeren Ölwanne an, die mehr Motoröl aufnehmen kann. Die größere Ölmenge braucht länger, um einmal vollständig durch den Motor zu laufen und hat dadurch mehr Zeit, sich in der Ölwanne abzukühlen. Dieser Effekt wird durch Verwendung einer verrippten Ölwanne aus Leichtmetall verstärkt. Leichtmetall ist ein guter Wärmeleiter. Durch die Kühlrippen wird die Fläche, an der Wärmeaustausch mit der Luft stattfinden kann, wesentlich vergrößert. Bei vielen getunten Motoren wird diese Maßnahme schon ausreichen, um keine Probleme mit der Motoröltemperatur zu bekommen. Wird ein Trockensumpfschmiersystem installiert, erübrigt sich meistens weiterer Aufwand, denn diese Schmiersysteme haben meistens ein größeres Ölvolumen. Außerdem bringen die Zu- und Ableitungen zum Ölvorratsbehälter und natürlich der Behälter selbst schon einen gewissen Kühleffekt. Wegen der hohen Kosten werden jedoch nur wenige Tuning-

Freunde auf die Trockensumpfschmierung zurückgreifen wollen.

Das weitaus wirksamste Mittel zur Senkung der Öltemperatur ist der Einbau eines Ölkühlers. Nur wenige sportliche Fahrzeuge sind damit bereits ab Werkt ausgerüstet. Diese Maßnahme kann auch bei getunten Serienmotoren sinnvoll oder sogar zwingend notwendig sein, etwa wenn sehr große Leistungssteigerungen vorgenommen werden oder das Fahrzeug im Motorsport eingesetzt wird.

Solche Ölkühler gibt es in unterschiedlichen Dimensionen. Die meisten haben Abmessungen im Bereich von 30 x 15 cm und sind somit noch relativ einfach unterzubringen. Der Ölkühler wird so eingebaut, daß er vom Fahrtwind duchströmt werden kann. Durch Druckschläuche wird der Hauptölstrom zum Ölkühler und wieder zurück zum Motor geführt. Meist erfolgt der Anschluß an den Ölkreislauf im Bereich des Ölfiltergehäuses mittels eines Adapters.

Nicht nur zu hohe Motor- bzw. Öltemperaturen können für den Motor schädlich sein, sondern auch zu niedrige. Damit das Öl seine besten Schmiereigenschaften entwickeln kann und der Motor hinsichtlich Leistung und Verschleiß im richtigen Temperaturbereich arbeitet, sollte die Öltemperatur mindestens 80 und höchstens 130 Grad betragen. Die meisten Ölkühlsysteme sind deshalb mit einem Thermostaten ausgestattet, der erst bei Öltemperaturen über 80 Grad den Weg durch den Ölkühler freigibt.

Der Ölkühler stellt natürlich eine Vergrößerung des Schmierkreislaufes dar. Es kann deshalb sinnvoll sein, die serienmäßige Ölpumpe durch eine Hochleistungsausführung zu ersetzen, die einen höheren Druck entwickelt und mehr Öl schneller durch das System pumpt. Der Tuning-Spezialist wird hier mit Rat zur Seite stehen.

Im Zusammenhang mit dem Motorölkreislauf liegt es nahe, auch auf die Bedeutung des Motoröls einzugehen. An die Eigenschaften der Motoröle werden hohe Ansprüche gestellt, sollen sie doch das gesamte Betriebstemperaturspektrum des Motors abdecken, vom Kaltstart bis zur Autobahnvollast, im Sommer wie im Winter. Früher wurden ausschließlich spezielle Sommer- und Winteröle gefahren, die mit ihren Schmiereigenschaften auf die entsprechenden Temperaturverhältnisse ausgerichtet waren. Dabei spielt die Viskosität (Zähflüssigkeit) des Öls eine Rolle. Die Kfz-Öle werden mit einem SAE-Wert bezeichnet (SAE = Society of Automotive Engineers), gleich ob es sich um Motor-, Getriebe- oder Differentialöle handelt. Die Zuordnung in die verschiedenen Viskositätsklassen erfolgt nach Kriterien, die auf Versuchen und Bewertungen der Gesellschaft der amerikanischen Automobilingenieure beruht. Je höher die SAE-Kennzahl, um so zähflüssiger ist das Öl und somit geeigneter für hohe Betriebstemperaturen. Früher wurden die Motoren im Winter mit Ölen der Viskositätsklassen SAE 10 oder 20 und im Sommer SAE 40 oder 50 betrieben.

Heute gibt es die sogenannten Mehrbereichöle, die durch Beimischung verschiedener Zusätze das ganze Jahr hindurch gefahren werden können, zum Beispiel ein Öl der Viskositätsklasse SAE 20W/50. Diese Mehrbereichöle haben mittlerweile einen Qualitätsstandard erreicht, der auch Motoren der gehobenen Leistungsklasse genügt. Auch ein straßentauglich getunter Motor, der thermisch nicht übermäßig belastet wird, kommt sicher mit einem Qualitäts-Merhrbereichöl aus. Im Zweifel ist der Motorenspezialist zu befragen, weil hier, wie auch in anderen Bereichen des Tunings, Erfahrungswerte eine große Rolle spielen.

Die Kraftübertragung

Die Kraftübertragung "zapft" die rotierende Kurbelwelle des Motors an und überträgt deren Drehbewegung auf die Antriebsräder. Bei Fahrzeugen mit manueller Schaltung und Heckantrieb besteht dieses System aus der Kupplung, dem Getriebe, der Kardanwelle, dem Differential und den Achswellen. Im Prinzip nicht anders sieht es beim Fronttriebler aus, allerdings fehlt hier eine Kardanwelle.

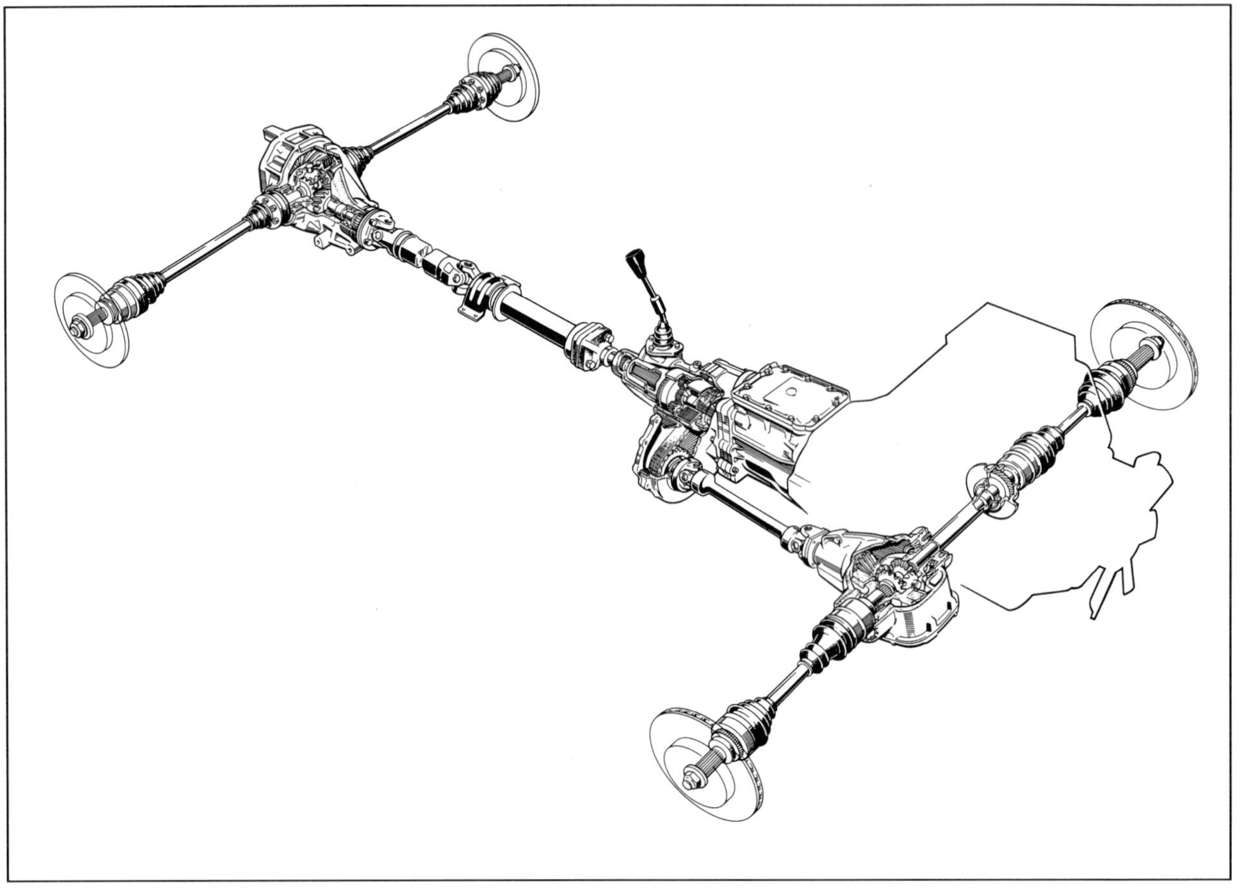

Der Antriebsstrang vom Sierra 4 x 4.

Die Auslegung der Kraftübertragung eines Fahrzeuges unterliegt verschiedenen Voraussetzungen. So spielt selbstverständlich auch die Motorleistung und -charakteristik eine Rolle. Wird die Leistung eines Serienmotors durch Tuning deutlich erhöht, so kann es nötig oder sinnvoll sein, die Kraftübertragung auf die veränderten Voraussetzungen abzustimmen.

DIE KUPPLUNG

Die Kupplung stellt die Verbindung vom Motor zum Getriebe her. Sie besteht im wesentlichen aus der Druckplatte, die auf der Schwungscheibe sitzt und sich mit der Kurbelwelle dreht und der Reibscheibe auf der Hauptwelle des Getriebes. Bei völlig durchgetretenem Kupplungspedal ist die Verbindung zwischen Druckplatte und Reibscheibe unterbrochen, läßt man nun "die Kupplung kommen", so werden die Reibflächen beider Komponenten durch einen Federmechanismus aneinander gedrückt und der Kraftschluß zwischen Motor und Getriebe ist hergestellt. Die Kupplung wird bei einem Serienwagen selbstverständlich nicht stärker ausgelegt als es die Motorkraft erfordert.

Durch eine kräftige Leistungssteigerung kann die Serienkupplung überfordert sein. In diesem Fall gibt es die Möglichkeit, eine Sportkupplung einzubauen. Die Druckplatte einer solchen Hochleistungskupplung verfügt über einen höheren Anpreßdruck, und die Reibscheibe ist mit belastungsfähigeren Belägen ausgestattet.

DAS GETRIEBE

Jedem Verbrennungsmotor steht nur ein begrenztes Drehzahlband zur Verfügung, in dem er Arbeit leisten kann. Mit nur einer Übersetzungsstufe könnte der Motor diese Aufgabe kaum erfüllen. Deshalb haben die Autobauer das Getriebe erfunden, das heute meistens über vier oder fünf Vorwärtsgänge und einen Rückwärtsgang verfügt. Jeder Getriebegang hat eine andere Übersetzung, das heißt, daß sich mit jedem Gangwechsel das Verhätnis der Antriebsraddrehzahl zur Motordrehzahl ändert. Gleichzeitig verändert sich bei gleicher Motordrehzahl nicht nur das Drehmoment an den Antriebsrädern, sondern auch die Fahrgeschwindigkeit. Im niedrigsten Gang ist die Kraft an den Antriebsrädern am größten und im höchsten am geringsten.

Motoren haben verschiedene Leistungen und unterschiedliche Drehmomentverläufe. Ein Getriebe sollte optimal auf die spezifischen Eigenschaften eines Motors abgestimmt sein. Natürlich spielen auch die Einsatzbedingungen des Fahrzeuges eine Rolle. An den vierten Gang einer Reiselimousine kann man durchaus einen langen "Schongang" anhängen, der Drehzahl, Geräuschniveau und vielleicht noch den Verbrauch senkt. Diese Schongänge sind häufig so lang ausgelegt, daß die Kraft des Motors nicht ausreicht, um das Fahrzeug auf seine Höchstgeschwindigkeit zu beschleunigen, obwohl die rechnerische Höchstgeschwindigkeit bei Nenndrehzahl am höchsten wäre. Die Spitzengeschwindigkeit ist dann nur im vierten Gang zu erreichen.

Ob im Straßen-Tuning das serienmäßige Übersetzungverhältnis verändert werden muß, hängt von den Einsatzbedingungen des Fahrzeugs und den Vorstellungen ab, die der Fahrer von den erzielbaren Beschleunigungs- bzw. Höchstgeschwindigkeitswerten hat. Der Tuner kennt verschiedene Möglichkeiten, das Übersetzungsverhältnis zu verändern.

Eine Möglichkeit ist die Verwendung von Rädern mit verändertem Abrollumfang. Wird dieser vergrößert, erhöht sich die Spitzengeschwindigkeit, vorausgesetzt, es steht ausreichend Leistung zur Verfügung. Allerdings wirkt sich diese Maßnahme negativ auf die Beschleunigung aus.

Die gleichen Ergebnisse kann man durch die Veränderung der Achsübersetzung erreichen. Dabei werden im Achsantrieb die Zahnräder gegen solche mit längerer oder kürzerer Übersetzung ausgetauscht.

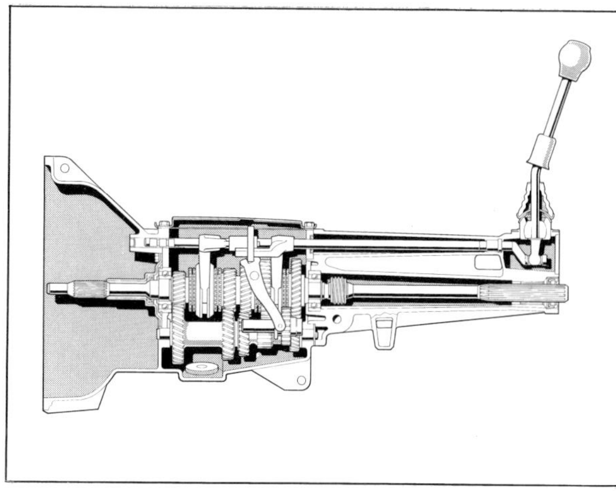

Darstellung eines manuellen Schaltgetriebes.

Nach der Veränderung des Übersetzungsverhältnisses, ob durch geänderten Abrollumfang oder andere Achsübersetzung, stimmt die Tachometeranzeige nicht mehr. Diese Abweichung muß durch den Einbau eines entsprechenden Tachometerantriebsritzels ausgeglichen werden.

Die radikalste Lösung ist der Einbau eines anderen Getriebes. Der Vorteil eines sportlichen Fünfganggetriebes liegt in erster Linie darin, daß der Drehzahlabfall nach jedem Gangwechsel geringer ist als bei einem serienmäßigen Viergang-getriebe. Dadurch bleiben die meisten Motoren im günstigeren Drehzahl- bzw. Drehmomentbereich.

Die Anschaffung eines Fünfganggetriebes ist allerdings ein teurer Spaß und sie stehen bei weitem nicht für jeden Fahrzeugtyp zur Verfügung.

Auch hier gilt: Wenn man nicht selbst über ausreichende Kenntnisse in diesem Zusammenhang verfügt, läßt man sich vom Fachmann beraten.

DIE DIFFERENTIALSPERRE

Die beste für teures Geld erkaufte Motorleistung nützt nichts, wenn sie nicht richtig auf die Straße gebracht werden kann. Jedes normale Auto ist mit einem sogenannten Ausgleichsdifferential ausgerüstet. Es gleicht die unterschiedliche Raddrehzahl bei Kurvenfahrten aus, denn das Kurvenäussere Rad legt ja einen größeren Weg zurück als das -innere und muß sich deshalb schneller drehen. Bei einer starren Achsverbindung zwischen beiden Antriebsrädern würde das kurveninnere Rad durchdrehen, um so mehr, je kleiner der Kurvenradius ist. Dabei würden nicht nur enorme Kräfte auf die Antriebswelle einwirken, sondern es hätte auch größten Reifenverschleiß zur Folge. Außerdem würde sich ein untragbares Fahrverhalten einstellen.

So sinnvoll und notwendig das Ausgleichsdifferential auch ist, so bringt es in bestimmten Fahrsituationen gewisse Nachteile. Dreht zum Beispiel ein Rad auf Schnee, nasser Straße oder losem Untergrund durch, dann gelangt nur noch wenig oder gar kein Drehmoment mehr an das andere Antriebsrad. Auch beim Herausbeschleunigen aus Kurven, wenn das innere Rad entlastet wird, macht sich dieser Effekt bemerkbar. Hier kann der Einbau einer Differentialsperre Abhilfe schaffen.

Eine recht aufwendige Konstruktion sorgt dafür, daß im Falle eines durchdrehenden Rades eine Sperrwirkung in der Achse eintritt, wodurch der Drehzahlunterschied zum anderen Rad aufgehoben wird. Bei herkömmlichen Sperren geschieht das durch direkte Reibung zwischen Lamellen, bei sogenannten Viskose-Sperren überträgt ein zähflüssiges Öl die Kräfte zwischen speziellen Lamellen. Bei beiden Systemen tritt die Sperrwirkung nicht plötzlich, sondern allmählich ein und zwar um so stärker, je größer der Drehmomentunterschied an den Rädern ist.

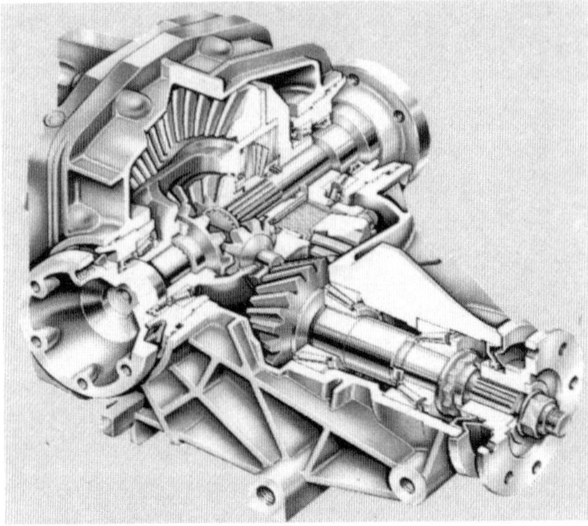

Scorpio-Differential mit Visco-Sperre.

Es gibt Differentialsperren mit einem Sperrwert von 25 bis 100 %. Der Sperrwert bezeichnet das Drehmoment, das durch die Lamellen übertragen wird. Für verkehrstaugliche Fahrzeuge sollte ein Sperrwert von 40 % nicht überschritten werden, weil sonst das Fahrverhalten negativ beeinflußt wird, was sich zum Beispiel in schlechtem Geradeauslauf äußern kann. Rennfahrzeuge werden mit Sperren von 75 bis teilweise 100 % Sperrwirkung ausgerüstet.

Das Fahrwerk

An die Fahrwerke der heutigen Serienautomobile werden hohe Ansprüche gestellt. Sie sollten eine gute Straßenlage garantieren, in den Kurven sicher und im Grenzbereich gut kontrollierbar sein: Richtungsstabilität, Seitenwindunempfindlichkeit, Federungs- und Abrollkomfort müssen gewährleistet sein. Mit anderen Worten, das Fahrwerk soll den Bedürfnissen und Fähigkeiten des Durchschnittsautofahrers entsprechen und den Anforderungen im Alltagsbetrieb gerecht werden. Diese Eigenschaften sind nur durch Kompromisse bei Konstruktion und Abstimmung zu erreichen.

Natürlich kann bei der Konstruktion auf bestimmte Eigenschaften besonderen Wert gelegt werden. Sportwagen zum Beispiel erfordern eine

Im Prinzip bei fast allen Ford-Modellen gleich: die Vorderachsaufhängung.

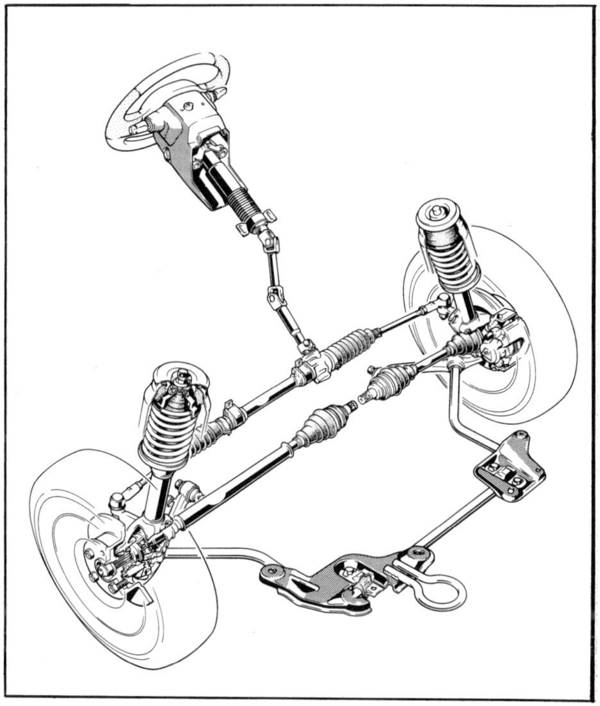

bessere Straßenlage, da sie höhere Kurvengeschwindigkeiten erzielen als Durchschnittslimousinen. Das geht aber nur über den Weg der Fahrkomforteinschränkung.

Ist man also bereit, Komforteinbußen hinzunehmen, so lassen sich die Fahrwerke der meisten Durchschnittsautomobile in sportlicher Hinsicht wesentlich verbessern. Welche Möglichkeiten es gibt, wird in den folgenden Abschnitten besprochen.

Welche Anforderungen soll ein sportliches Fahrwerk erfüllen?

Das wichtigste für den sportlichen Autofahrer ist, wie schnell er mit seinem Auto um die Kurve kommt, oder vornehmer ausgedrückt, er ist daran interessiert möglichst hohe Kurvengrenzgeschwindigkeiten zu erreichen. Darunter versteht man die maximal erreichbare Kurvengeschwindigkeit, bevor das Fahrzeug ausbricht. Nach Möglichkeit soll sich der Wagen im Grenzbereich gutmütig und gut kontrollierbar verhalten. Diese Eigenschaft zu erreichen wird um so schwieriger, je höher die Kurvengeschwindigkeit und damit die Querbeschleunigung liegt. "The Pig", das Schwein, so bezeichneten beispielsweise Rallye-Fahrer in den sechziger Jahren den Austin Healey 3000 wegen

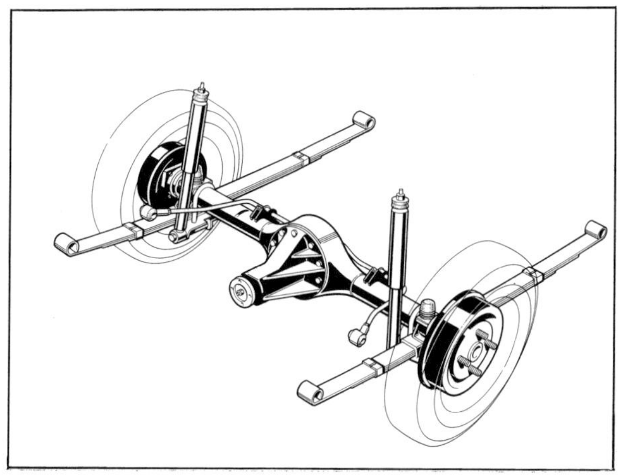

Die starre Hinterachse des Escort mit Heckantrieb.

Hinterachse frontgetriebener Escort 1982.

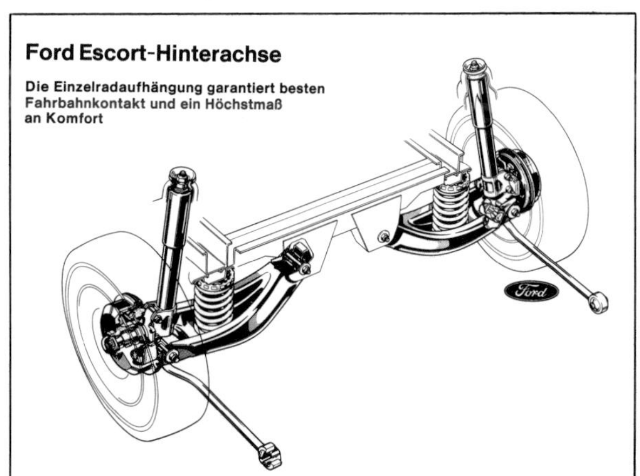

seiner "hinterlistigen" Fahreigenschaften. Der AH 3000 zeichnete sich dadurch aus, daß er zunächst in den Kurven stark untersteuerte, das heißt, er schob geradeaus über die eingeschlagenen Vorderräder, um dann im nächsten Augenblick schlagartig das Heck nach außen zu werfen.

Die wichtigsten Maßnahmen, um ein sportliches Fahrverhalten zu erreichen, sind:

- Modifizierung der Radaufhängung
- Einbau strafferer Federn und härterer Dämpfer
- Verbreiterung der Spur, negativer Sturz
- Absenkung des Fahrzeugschwerpunktes
- Breitere Felgen und Reifen

Zu nennen ist vielleicht noch eine Verbesserung der Achslastverteilung. Aber hier sind logischerweise für Fahrzeuge, die der Straßenverkehrszulassungsordnung entsprechen sollen, enge Grenze gesetzt.

Zunächst zurück zum Kurvenverhalten: Angestrebt wird ein neutrales Fahrverhalten, der Wagen soll also weder über- noch untersteuern und im Grenzbereich in ein sanft einsetzendes, gut kontrollierbares Übersteuern übergehen. Das trifft bei Fahrzeugen mit Heckantrieb zu.

Fronttriebler dürfen in Kurven leicht untersteuern, im Grenzbereich auch etwas mehr, sollten aber bei plötzlicher Gaswegnahme nicht schlagartig das Heck nach außen werfen, sondern sich eher neutral verhalten.

Ein sportlich abgestimmtes Fahrwerk ermöglicht aber nicht nur höhere Kurvengeschwindigkeiten. Auch starke Seitenneigung bei Kurvenfahrt sowie Nickbewegungen um die Querachse werden weitgehend unterbunden. Exakt geführte Räder sorgen für einen guten Geradeauslauf und geringes Eigenlenkverhalten.

MODIFIZIERUNG DER RADAUFHÄNGUNG

Alle Ford-Limousinen verfügen im Prinzip über dieselbe Radaufhängung an den Vorderrädern. Sie besteht im wesentlichen aus Federbeinen, Querlenkern und einem Querstabilisator. Das trifft auch auf die älteren Escorts mit Heckantrieb und auf die Capris zu, die in diesem Buch ebenfalls berücksichtigt werden. Nur der Fiesta und die frontgetriebenen Escort 1100 besitzen Zugstreben.

Die Führung der Vorderräder übernimmt hauptsächlich der Querstabilisator, der gleichzeitig die Seitenneigung des Fahrzeugs bei Kurvenfahrt mindert. Durch verschiedene Auslegungen kann mit dem Stabilisator die Über- oder Untersteuerungstendenz beeinflußt werden.

Dieses Prinzip der Vorderradaufhängung ist auch bei vielen anderen Auto-Marken zu finden. Der sportliche Autofahrer hat aber die Möglichkeit, durch den Einbau von Zug- oder Schubstreben die Radführung zu verbessern. Sollen solche Streben zusätzlich eingebaut werden, müssen die serienmäßigen Querlenker gegen solche ausgetauscht werden, die neben dem Querstabilisator auch ein Ende der Streben aufnehmen können, während das andere Ende am Aufbau des Fahrzeuges befestigt wird. Liegt dieser Befestigungspunkt in Fahrtrichtung gesehen vor dem Querlenker, dann spricht man von Zugstreben, bei einer hinteren Anordnung von Schubstreben.

Diese Zug- oder Schubstreben beeinflussen die Radführung erheblich, es tritt eine sogenannte Dreieckslenkerwirkung ein. Der Geradeauslauf wird verbessert, besonders bei stark motorisierten Fronttrieblern, die bei starkem Beschleunigen dazu neigen, nach rechts und links auszuwandern. Auch bei scharfer Kurvenfahrt und starkem Bremsen werden die Räder viel präziser geführt.

Als unterstützende Maßnahme kann darüber hinaus der vorhandene Stabilisator gegen einen im Durchmesser stärkeren ausgetauscht werden, der bei den Ford-Limousinen nicht nur die Seitenneigung mindern soll, sondern auch die Räder führt. Dabei ist jedoch zu beachten, daß ein verstärkter Stabilisator vorn die Untersteuerungstendenz des Fahrzeugs fördern kann.

Während das Prinzip der Vorderradaufhängung bei allen Ford-Limousingen weitgehend identisch ist, gibt es bei den Hinterrädern erhebliche Unterschiede.

Sehen wir uns zunächst die Hinterachsen der heckangetriebenen Escort und Capris an. Beide Modellreihen sind mit einer starren Achse und Blattfedern ausgerüstet. Weil diese Achskonstruktion an Einfachheit kaum noch zu überbieten ist, darf man auch keine besonderen Erwartungen an Fahrverhalten und -komfort stellen.

Die Blattfedern an der starren, angetriebenen Hinterachse müssen nicht nur die Federung übernehmen, sondern auch die Führung der Achse bzw. der Räder. Außerdem müssen sie die Kräfte abfangen, die beim Beschleunigen und Bremsen auftreten. Beim scharfen Beschleunigen beginnt die Achse zum Teil erheblich zu springen, weil sich die Blattfedern in Längsrichtung verspannen und anschließend, wenn die Spannung zu groß geworden ist, schlagartig wieder strecken. Dabei entwickelt die Achse zusätzlich noch ein starkes Eigenlenkverhalten, das zwar nicht unbedingt gefährlich, zumindest aber sehr gewöhnungsbedürftig ist. Die ersten Escort und Capri waren zwar zusätzlich mit Längslenkern ausgerüstet, die etwa ab 1975 durch Querstabilisatoren ersetzt wurden, aber die Nachteile dieser primitiven Achskonstruktion waren auch dadurch nicht zu verdecken.

Diese negativen Eigenschaften können gemildert werden, indem bei den Modellen mit Längslenkern zusätzlich ein Stabilisator und bei den Modellen mit Stabilisator zusätzlich Längslenker eingebaut werden. Dabei empfiehlt es sich noch, HD-Gummilager (HD = Heavy Duty), also verstärkte Lager, anstelle der serienmäßigen in die Federaugen bzw. Anlenkpunkte von Stabilisator und Längslenkern einzubauen. Dadurch wird die Achsführung straffer und das Eigenlenkverhalten weiter reduziert. Diese Maßnahmen können auch an den Aufhängungselementen der Vorderachse durchgeführt werden, mit der gleichen Wirkung auf die Vorderräder. Natürlich wirkt sich der Einbau der härteren Gummilager negativ auf den Fahrkomfort aus.

Wesentlich erfreulicher sieht es da bei Sierra und Scorpio aus. Auch diese beiden Modelle haben Heckantrieb, verfügen jedoch über moderne Schräglenkerhinterachsen, also einzeln aufgehängte Räder. Bei dieser Achskonstruktion ist hinsichtlich der Radführung in Zusammenhang mit Straßen-Tuning kaum etwas zu verbessern. Modifikationen werden sich hier auf straffere Auslegung von Federn und Stoßdämpfern, sowie auf Tieferlegung beschränken.

Bei den frontangetriebenen Escort und Fiesta bereitet die Hinterachse, schon bedingt durch das Antriebskonzept, hinsichtlich der Achsführung keine Schwierigkeiten. Bei beiden Modellen braucht sie nur nachzulaufen und muß keine Antriebsmomente verarbeiten. Dennoch ist die starre Achse des Fiesta mit Schraubenfedern und Teleskopstoßdämpfern ausgerüstet. Die Führung übernehmen ein Querstabilisator und zwei Längslenker. Zur Stabilisierung in seitlicher Richtung dient ein sogenannter "Panhardstab".

Auch der Fiesta ab Jahrgang 1989 hat eine starre Hinterachse, eine sogenannte Verbundlenkerhinterachse mit Federbeinen, die ohne Stabilisator und Querlenker auskommt.

Noch aufwendiger präsentiert sich die Hinterachskonstruktion der frontgetriebenen Escort. Die Räder sind einzeln aufgehängt, mit Querlenkern, Schraubenfedern, Längslenkern und einem Querstabilisator. Soll das Escort-Fahrwerk sportlich modifiziert werden, sind bei der Radführung keine Verbesserungen nötig.

HÄRTERE FEDERUNG UND DÄMPFUNG, TIEFERLEGEN

Eine härtere Abstimmung und das Tieferlegen des Fahrzeuges sind Maßnahmen, die gleichzeitig durchgeführt werden können, weil hierbei dieselben Fahrwerkselemente betroffen sind.

Federung und Dämpfung stellen bei Serienautomobilen meist einen vernünftigen Kompromiß

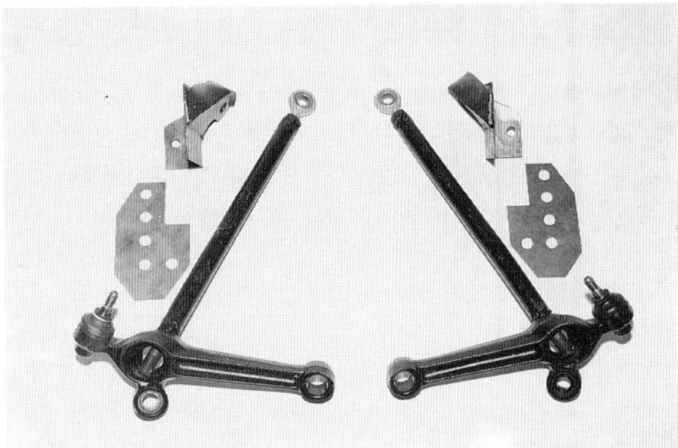

Schubstreben verbessern die Führung der Vorderräder.

zwischen Komfort und Straßenlage dar. Durch eine nachträgliche, härtere Abstimmung kann zwar eine erheblich bessere Straßenlage erreicht werden, was aber zwangsläufig eine Verschlechterung des Fahrkomforts zur Folge hat.

Federn und Stoßdämpfer sollen Fahrbahnunebenheiten ausgleichen, und für einen guten Bodenkontakt der Räder sorgen. Die Stoßdämpfer sind besonders wichtig, denn ohne sie würden die Räder heftig nachschwingen, und der Fahrbahnkontakt wäre miserabel. Diese Erscheinung kann man nicht selten bei Fahrzeugen mit verschlissenen Stoßdämpfern beobachten. Je härter die Stoßdämpfer sind, um so besser unterdrücken sie dieses Nachschwingen. Die meisten Stoßdämpfer arbeiten nach dem Prinzip der Zug-/Druckdämpfung, das heißt, sowohl die Aufwärts- als auch die Abwärtsbewegungen der Räder werden gedämpft.

Stoßdämpfer sind werksseitig in ihrer Dämpfungscharakteristik immer auf den entsprechenden Wagentyp abgestimmt. Es gibt auch Stoßdämpfer, die nachträglich eingestellt werden können, klassisches Beispiel sind die bekannten Koni-Stoßdämpfer. Die Firma Koni hat drei verschiedene Dämpfertypen bzw. Kits im Programm, die auf unterschiedliche Weise eingestellt werden können:

Hydraulikdämpfer, die nur in ausgebautem Zustand eingestellt werden können.

Niedergasdruckdämpfer, die auch in eingebautem Zustand eingestellt werden können.

Ein Elektronik-Fahrwerks-Kit auf der Basis der Niedergasdruckdämpfer, bei dem vom Fahrersitz aus und während der Fahrt drei weitere Dämpfungsstufen gewählt werden können, ausgehend von der jeweiligen Grundeinstellung.

Stoßdämpfer und Federn bilden eine Arbeitseinheit. Es ist deshalb sinnvoll, zusammen mit härteren Stoßdämpfern auch härtere Federn ein-

Das Innenleben eines Federbeines.

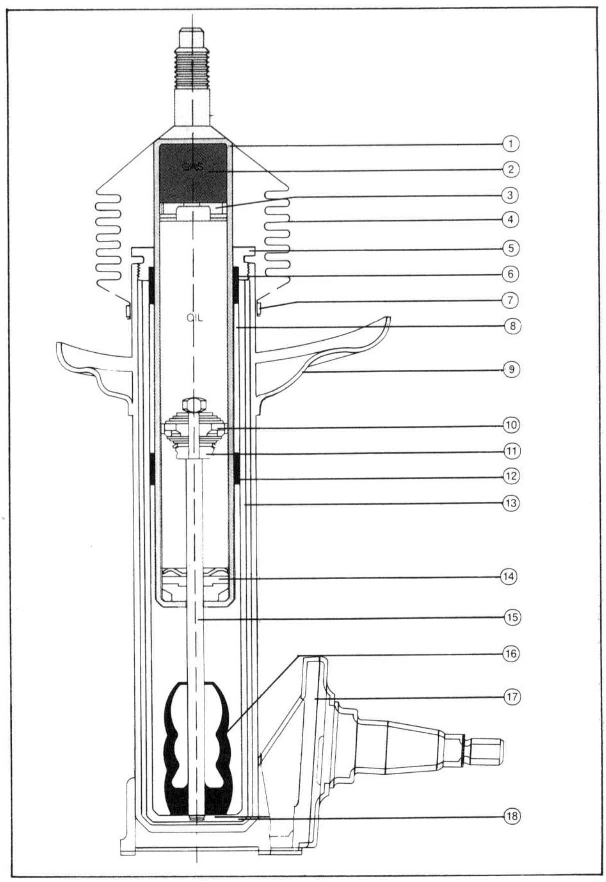

① Stoßdämpfer-Rohr hartverchromt
② Gasraum
③ Trennkolben mit O-Ring
④ Faltenbalg
⑤ Schraubring
⑥ Gleitlager
⑦ Schlauchklemme
⑧ Spezialfett
⑨ Federteller und Federbein-Außenteil
⑩ Arbeitskolben mit Ventilen
⑪ Ausfederungsanschlag
⑫ Gleitlager
⑬ Patronenstandrohr
⑭ Verschluß- und Führungsstück mit Dichtungspaket
⑮ Kolbenstange hartverchromt
⑯ Zusatzfeder - Einfederungsanschlag -
⑰ Achsschenkel
⑱ Bodenstück des Patroneneinsatzes

zubauen, zumal heute häufig komplette Bausätze angeboten werden, die aufeinander abgestimmt sind.

Sportfedern sind meist progressiv ausgelegt, das heißt, die Federn sprechen zunächst weich an, um mit zunehmendem Einfedern immer härter zu werden. Das hat den Vorteil, daß ein gewisser Federungskomfort gewahrt bleibt. Mit Sportfedern kann man problemlos das Fahrzeug tieferlegen. Der Vorteil dieser Tuningmaßnahme liegt in der Absenkung der Karosserie und damit des Fahrzeugschwerpunktes.

Während die Vorderradfederung aller Ford-Limousinen im Konstruktionsprinzip identisch ist – sie sind alle mit Federbeinen ausgestattet – gibt es bei den Hinterachsen zum Teil erhebliche Unterschiede.

Sehen wir uns zunächst die starren, durch Blattfedern geführte Hinterachse der heckgetriebenen Escort und Capri an. Anstelle der Federbeineinsätze an den Vorderachsen, verfügen beide Modelle hinten über normale Teleskopstoßdämpfer, deren Austausch keine Probleme bereitet. Problemlos ist auch das Tieferlegen bei Starrachse und Blattfedern. Die Blattfedern sind unterhalb der Achse befestigt. Zwischen Achse und Federn werden nun einfach Distanzklötze gelegt und durch Bolzen fixiert, wodurch die Federn und damit die Karosserie abgesenkt werden. Neben den Distanzklötzen müssen längere Federbügel verwendet werden, die im Bausatz enthalten sind. Der Einbau der Distanzklötze bewirkt nebenbei eine Vorspannung der Blattfeder, wodurch sie härter anspricht.

Für einige Escort- und Capri-Typen werden auch spezielle Einblattfedern angeboten, die flacher als die serienmäßigen Federn sind. Sie sind härter als die serienmäßigen und haben eine geringere Masse.

Die Umrüstung auf härtere Federn und Dämpfer und das Tieferlegen an der Hinterachse ist auch bei den übrigen Ford-Modellen unproblematisch. Sowohl die Fronttriebler Escort und Fiesta als auch die heckangetriebenen Sierra und Scorpio sind mit Schraubenfedern und Teleskopdämpfern ausgerüstet. Für diese Modelle werden komplette Umbausätze angeboten.

Der Einbau härterer Stoßdämpfer und Federn mit gleichzeitiger Tieferlegung, verbessert die Straßenlage erheblich. Die Bodenhaftung der Räder wird verbessert, Nickbewegungen um die Fahrzeugquerachse und die Seitenneigung der Karosserie werden weitgehend unterdrückt. Bei plötzlicher Richtungsänderung liegt der Wagen stabiler. Die Kurvengrenzgeschwindigkeit liegt wesentlich höher. Bei diesen Umbauten ist darauf zu achten, daß Stoßdämpfer und Federn aufeinander und den jeweiligen Fahrzeugtyp abgestimmt sein müssen, weshalb man auf komplette Umbausätze zurückgreifen sollte, die auch eine Straßenzulassung besitzen.

Distanzstücke zwischen Blattfeder und Achse bewirken ein Absenken der Karosserie.

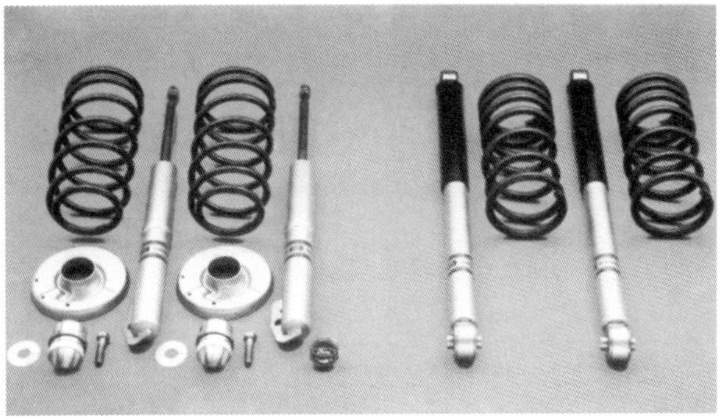

Kompletter Tieferlegungssatz für den Scorpio.

SPURVERBREITERUNG UND NEGATIVER STURZ

Die Verbreiterung der Spur an den Achsen kann die Fahreigenschaften eines Wagens erheblich beeinflussen. Bei gleichmäßiger Verbreiterung an beiden Achsen stellt sich derselbe Effekt ein, wie nach der Absenkung der Karosserie, weil das Verhältnis zur Fahrzeughöhe verbessert wird. Die breitere Spur erlaubt deshalb höhere Kurvengeschwindigkeiten.

Wird die Spur nur an der Vorderachse verbreitert, so wirkt diese Maßnahme dem Untersteuern entgegen, eine breitere Spur nur hinten mindert die Tendenz zum Übersteuern.

Es gibt zwei Möglichkeiten, die Spurbreite zu vergrößern, ohne die Radaufhängung oder die Achsen zu verändern: Die eine ist der Einbau von Distanzscheiben zwischen Felge und Felgenträger. Diese Distanzscheiben sind normalerweise aus Leichtmetall gefertigt, um die ungefederten Massen gering zu halten. Obwohl es sich hierbei um eine sehr preiswerte Lösung handelt, ist diese Methode der Spurverbreiterung nicht zu empfehlen, weil es dafür in der Regel keine TÜV-Freigaben gibt. Grund genug, die Finger davon zu lassen.

Die zweite Möglichkeit besteht in der Verwendung anderer Felgen. Weil die Spur an einem Fahrzeug immer von Felgenmitte zu Felgenmitte gemessen wird, reicht es nicht immer aus, nur breitere Felgen zu verwenden. Ist die Felge nach innen und außen um dasselbe Maß breiter, ändert sich an der Spur nichts, obwohl das Fahrzeug optisch breiter wirkt. Die Spur ändert sich nur dann, wenn Felgen mit einer geringeren Einpreßtiefe verwendet werden, und diese ist abhängig davon, wie weit innen oder außen die Felgenschüssel innerhalb der Felge sitzt. Je geringer die Einpreßtiefe ist, um so breiter wird die Spur. Im "Sportfahrerdeutsch" werden solche Felgen häufig als "Außenträgerfelgen" bezeichnet. Es gibt sogar Spezialbetriebe, die bei serienmäßigen Stahlfelgen die Felgenschüssel heraustrennen und weiter innen in der Felge wieder einschweißen. Wird die Felgenschüssel pro Felge an einer Achse um 25 mm nach innen gesetzt, so ist die Spur um 50 mm breiter.

Im Zubehörhandel oder auch seitens der Autohersteller werden jedoch genügend Räder mit geringerer Einpreßtiefe angeboten. Dabei handelt es sich überwiegend um Leichtmetallräder, die gleichzeitig auch breiter sind als die serienmäßigen.

Selbstverständlich läßt sich die Spur nicht beliebig verbreitern. Die Räder müssen schließlich noch in die Radhäuser passen und dürfen bei großem Lenkeinschlag oder beim Einfedern nicht an der Karosserie schleifen. Außerdem treten an der gesamten Radaufhängung höhere Belastungen auf, weil der Hebelarm durch die Spurverbreiterung vergrößert wird.

BREITERE RÄDER UND REIFEN

Einen wichtigen Platz beim Tuning nehmen Räder und Reifen ein. Die meisten Serienautomobile sind mit Rädern und Reifen ausgerüstet, die eine "vernünftige" Breite haben. Dafür gibt es einleuchtende Gründe. Beileibe nicht jeder Autofahrer legt wert auf breite "Walzen". Dafür sprechen auch einige gute Gründe: Breite Reifen und Räder, womöglich noch Leichtmetallräder, sind erheblich teuerer. Breite Reifen haben meistens einen schlechteren Abrollkomfort, sind im Winterbetrieb und bei Regen nicht unproblematisch (Aquapla-

Nur bei wenigen Modellen ist die Spurverbreiterung mittels Distanzscheiben legal.

ning). Auf der anderen Seite bieten Breitreifen und -räder auch Vorteile: Breite Reifen habe bei gleichem Abrollumfang ein anderes Höhen-/Breitenverhältnis als schmale, das heißt, die Höhe der Reifenseitenwand ist relativ zur Reifenbreite geringer. Dadurch haben sie eine große Bodenaufstandsfläche. Zusammen mit einer im Vergleich zum Serienreifen höheren Steifigkeit sind sie in der Lage, größere Seitenführungskräfte aufzunehmen, wodurch höhere Kurvengeschwindigkeiten erreicht werden können. Aber auch die auftretenden Längskräfte beim Bremsen und Beschleunigen werden besser verarbeitet. Breitreifen besitzen eine höhere Hochgeschwindigkeitsfestigkeit und rollen meistens widerstandärmer. Ein weiterer Vorteil: Bei gleichbleibendem Reifenaußendurchmesser ist der Felgendurchmesser größer. Dadurch lassen sich größere Bremsen in der Felge unterbringen. In den sechziger Jahren war ein Breiten-/Höhenverhältnis von 100 zu 82 % typisch. Nehmen wir als Beispiel eine Reifengröße aus den sechziger Jahren: 165 SR 13. Diese Bezeichnung sagt folgendes aus:

- die Ziffer 165 bezeichnet die Reifenbreite in mm;
- das S steht für die zulässige Höchstgeschwindigkeit 180 km/h;- das R bedeutet "Radial" (Gürtelreifen),
- die Ziffer 13 sagt aus, daß der Reifen für Felgen mit 13 Zoll Durchmesser bestimmt ist (1 Zoll = 25,4 mm).

Im Laufe der Jahre wurde das Breiten-/Höhenverhältnis der Reifen immer weiter verringert. Ende der sechziger Jahre kamen Reifen der "70er" Serie auf den Markt, bei denen die Seitenwandhöhe 70% der Breite betrug. Heute gibt es Reifen mit einem Verhältnis Breite/Höhe von 100 zu 40 %. Im Gegensatz zu normalen Gürtelreifen wird bei Reifen der 70er bis 40er Serie neben der Breite auch die Höhe in der Bezeichnung angegeben. Beispiel: 185/70 SR 14. Die Ziffer 70 gibt die Reifenhöhe (Querschnittsverhältnis) in Prozent relativ zur Reifenbreite an. Während Reifen der 70er-Serie etwa den Abrollumfang haben, wie ein normaler Gürtelreifen, so nimmt dieser bei Reifen mit weiter verringertem Querschnittsverhältnis ab. Ein kleinerer Abrollumfang hat jedoch eine kürzere Übersetzung zur Folge (siehe auch unter Kapitel "Getriebe", Übersetzungverhältnis). Soll bei verringerter Reifenhöhe der Abrollumfang unverändert bleiben, so muß der Felgendurchmesser wachsen. Im Vergleich zu einem 70er-Reifen muß ein 60er-Reifen eine um 1 Zoll und ein 50er-Reifen eine um 2 Zoll im Durchmesser größere Felge haben, damit der Abrollumfang gleich bleibt.

Grundsätzlich ist die Umrüstung auf Breitreifen und -räder eine logische Fortführung vorangegangener Tuningmaßnahmen, besonders dann, wenn die Leistung erheblich gesteigert und das Fahrwerk verbessert wurde. Es gibt natürlich auch viele Autofahrer, die sich nur breite Reifen und Räder anschaffen, ohne weitere Modifikationen am Wagen durchzuführen. Wenn das auch in Bezug auf die Straßenlage nicht unbedingt Vorteile bringt, so wird der Wagen immerhin optisch aufgewertet. Nicht nur, weil die meisten Leichtmetallräder besser aussehen als Stahlräder, sondern auch, weil Reifen und Räder den Wagen erwachsener und potenter erscheinen lassen als schmale.

Nach dem Thema Reifen jetzt noch einige nähere Informationen über die Räder. Obwohl es streng genommen nicht korrekt ist, werden Räder im allgemeinen auch als Felge bezeichnet. Die Felge ist eigentlich nur der Teil des Rades, in dem der Reifen sitzt.

Wie bereits erwähnt, eignen sich breite Reifen besser für eine sportliche Fahrweise als schmale. Breite Reifen brauchen aber auch breite Räder bzw. Felgen. Hier haben Leichtmetallräder einen entscheidenden Vorteil gegenüber Stahlrädern – sie sind leichter. Ein sechs Zoll breites Stahlblechrad mit einem Durchmesser von 14 Zoll wiegt etwa acht kg. Das vergleichbare Rad aus einer gegossenen Leichtmetallegierung wiegt etwa 15 % weniger, also 6,8 kg.

Geschmiedete Leichtmetallräder wiegen ca. 25% und Räder aus Magnesium sogar bis zu 35% weniger als vergleichbare Stahlräder. Am leichtesten jedoch sind Räder, die in einem speziellen Verfahren aus Leichtmetallband hergestellt werden. Sie wiegen nur etwa 40% des vergleichbaren Stahlscheibenrades. Das geringere Gewicht hat den Vorteil, daß die ungefederten Massen gering gehalten werden können. Geringer ist auch das Trägheitsmoment, was sich positiv beim Beschleunigen und Bremsen auswirkt.

Bedingt durch die Herstellungsverfahren ergeben sich für das Design bei Leichtmetallrädern sehr viele Möglichkeiten. Außerdem sind große Aussparungen möglich, die zur guten Bremsenkühlung beitragen können.

Eben wegen dieser Vorteile insbesondere wegen des Gewichtsvorteils und der optischen Gestaltungsmöglichkeiten werden heute fast ausschließlich Leichtmetallräder verwendet, wenn auf breitere Reifen umgerüstet werden soll. Diese Vorteile müssen allerdings teuer bezahlt werden, denn Leichtmetallräder kosten sehr viel mehr als vergleichbare Stahlräder, je nach Art und Ausführung bis zu sechsmal mehr.

Gerade bei der Umrüstung auf breitere Räder und Reifen sollte der wichtige Grundsatz berücksichtigt werden, der eigentlich für alle Zubehörteile gilt, die im Straßentuning verwendet werden: sie müssen für die Straße und den betreffenden Fahrzeugtyp zugelassen sein. Ist das nicht der Fall, erlischt automatisch die Fahrzeugzulassung.

Thema Reifen

Seit einigen Jahren gilt in Europa eine neue Norm für die Kennzeichnung von Pkw-Reifen in der Geschwindigkeitsklasse bis 210 km/h. Die erste Ziffer in der Bezeichnung gibt Aufschluß über die Reifenbreite in mm, gefolgt von der Ziffer die das Breiten-/Höhenverhältnis bezeichnet. Der folgende Buchstabe kennzeichnet die Reifenbauart, die anschließende Ziffer den Felgendurchmesser. Dann folgt eine Kennzahl, die Aufschluß über die Tragfähigkeit des Reifens gibt und schließlich ist da noch ein Buchstabe, der die Geschwindigkeitsklasse angibt. Die Reifenbezeichnung 195/65R14 89 H liest sich wie folgt:

195 = Reifenbreite in mm;
65 = Reifenhöhe in % der Reifenbreite;
R = Radialaufbau (Gürtelreifen);
14 = Felgendurchmesser in Zoll;
89 = Tragfähigkeits-Index;
H = Geschwindigkeitsklasse bis 210 km/h.

Reifen der Geschwindigkeitsklassen über 210 km/h (Kennzeichnung VR) und über 240 km/h (Kennzeichnung ZR) sind in dieser Norm nicht erfaßt und werden noch nach dem alten System gekennzeichnet.

Die möglichen Größen und zulässigen Kombinationen von Rädern und Reifen sind sehr zahlreich. Auskunft geben hier die Reifen- und Räderhersteller, der Zubehörhandel und die Automobilhersteller bzw. -händler.

Die nachfolgenden Bilder zeigen einige Arbeitsgänge während der Herstellung von Leichtmetallfelgen bei der ATS.

Die Leichtmetalllegierung wird als Barren angeliefert.

Nach dem Einschmelzen wird die Gußform gefüllt.

So kommt die gegossene Felge aus der Form.

Danach wird der Felgen-Rohling weiter bearbeitet.

Die fertige Felge wird exakt vermessen, um höchste Qualität sicherzustellen.

Die Urform für die Gußform wird in Handarbeit hergestellt.

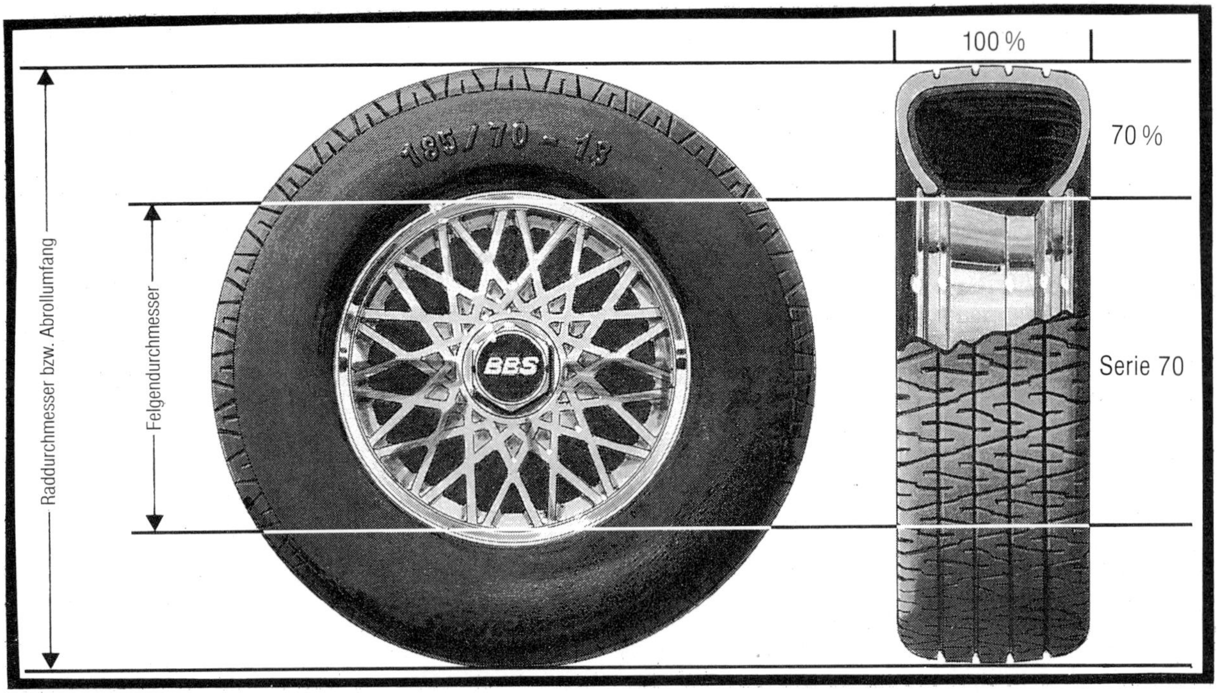

Schematische Darstellung des Reifen-Querschnittverhältnisses.

BREMSEN UND LENKUNG

Die heutigen Personenwagen sind mit Bremsanlagen ausgerüstet, die für den normalen Straßenbetrieb völlig ausreichen und darüber hinaus noch Reserven bieten. Wer seinen Ford jedoch besonders sportlich bewegt, hat jedoch die Möglichkeit auf Umrüstsätze mit innenbelüfteten Bremsscheiben für die Vorderachse zurückzugreifen. Die beim Bremsen an den Scheiben auftretende Reibungswärme wird durch die Innenbelüftung besser abgeführt, wodurch das "Fading", das Nachlassen der Bremswirkung wirksam reduziert wird. Neben anderen Bremsscheiben umfassen diese Umrüstsätze meist noch spezielle Bremsbeläge und Umbauteile für die Bremssättel. Sie sind für fast alle Ford-Typen lieferbar.

Nur in seltenen Fällen wird man die serienmäßige Lenkung seines Fahrzeuges gegen eine direktere Sportlenkung austauschen. Bei der Umrüstung auf extrem breite Räder und Reifen kann es jedoch notwendig sein, Lenkungen mit begrenztem Lenkeinschlag zu verwenden, um bei größeren Lenkkorrekturen Berührungen der Räder mit der Karosserie zu vermeiden.

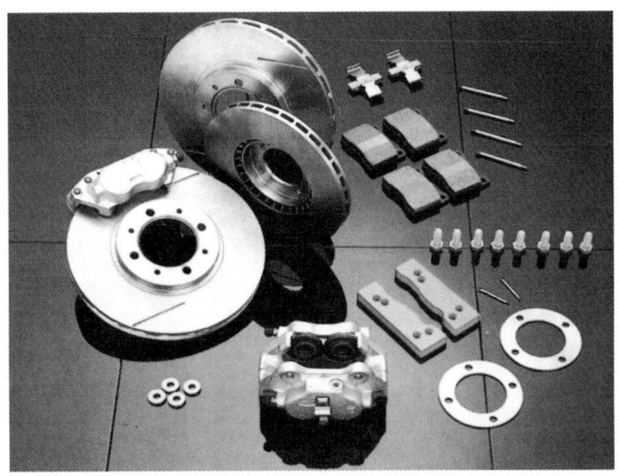

Innenbelüftete Bremsscheiben verhindern frühzeitiges "Fading".

Optisches und aerodynamisches Tuning

Das Angebot an optischem Tuning-Zubehör ist heute beinahe unüberschaubar geworden. Von dezenten Spoilern bis zu kompletten Umbauten, nach denen der Fahrzeugtyp kaum noch zu erkennen ist, reicht die Angebotspalette. Die optische Veränderung der Karosserie durch den Anbau von Tuningteilen hat immer Einfluß auf die Fahrzeugaerodynamik, keineswegs nur positiven, wie man vielleicht glauben könnte, ganz im Gegenteil: Je mehr, aufwendiger und breiter umgebaut wird, um so negativer sind die Auswirkungen auf den Luftwiderstand des Fahrzeugs.

Viel stärkere als alle anderen Widerstände, wie Rollwiderstand, Reibungsverluste im Antrieb, usw., steht der Luftwiderstand der Fortbewegung des Autos entgegen, zumindest oberhalb einer Geschwindigkeit von ca. 60 km/h. Der Luftwiderstand wächst im Quadrat zur Geschwindigkeit, das heißt, bei Verdopplung der Geschwindigkeit muß der vierfache Luftwiderstand überwunden werden. Die übrigen Widerstände verändern sich dabei nur unwesentlich. Deshalb ist es grundsätzlich schon erstrebenswert den Luftwiderstand zu verringern. Das ist allerdings nicht so einfach, denn die heutigen Karosserieformen werden computergesteuert in Windkanälen entwickelt und sind des-

Der neue Ford-RS-Umrüstsatz fügt sich optimal in die Karosserie des Sierra ein.

Thema Aerodynamik

Der geringste aerodynamische Widerstand tritt bei der »Tropfenform« auf, auch »Stromlinienkörper« genannt. Nun können die Automobilbauer eine Karosserie nicht einfach dem Stromlinienkörper nachempfinden, aus verschiedenen praktischen und technischen Gründen, die sicher nicht näher erläutert werden müssen. Trotzdem sind die Konstrukteure bemüht, bei allen Kompromissen die sie eingehen müssen, eine Karosserie aerodynamisch möglichst optimal zu gestalten. Dabei sind folgende Kriterien zu berücksichtigen:

- *der Luftwiderstand soll möglichst gering sein, damit mit der vorhandenen Motorleistung eine möglichst hohe Spitzengeschwindigkeit erzielt werden kann und der Kraftstoffverbrauch gering bleibt*
- *der durch die Luftströmung an der Karosserie verursachte Auftrieb muß gering gehalten werden, damit auch bei höheren Geschwindigkeiten eine sichere Straßenlage gewährleistet ist*
- *das Fahrzeug soll unempfindlich auf Seitenwindeinflüsse reagieren*
- *die Windgeräuschc an der Karosserie müssen gering gehalten werden*

Damit der Luftwiderstand gering bleibt, muß die Stirnfläche der Karosserie möglichst klein sein. Betrachtet man die Entwicklung der Karosserieformen der letzten Jahrzehnte, so ist zu erkennen, daß diese immer keilförmiger geworden sind. Die Motorhauben wurden immer weiter nach unten gezogen, die Windschutzscheiben liegen immer flacher. Aber nicht nur eine große Stirnfläche produziert schädlichen Widerstand, sondern auch alle hervorstehenden Ecken und Kanten. Im Übergang verschiedener Bauteile entstehen unterschiedliche Strömungsverhältnisse, die sich gegenseitig behindern und so Widerstand produzieren. Der Aerodynamiker bezeichnet diesen Widerstand mit »Interferenz-Widerstand«. Deshalb sind die Karosserien immer glatter und runder geworden. Die Scheibenwischer verschwinden mehr und mehr unter der Motorhaube, es stehen keine Fensterrahmen mehr hervor und die früher typischen Regenrinnen sind verschwunden. Im Bereich des »Druckwiderstandes«, hervorgerufen durch die Stirnfläche und beim Interferenzwiderstand kann nachträglich kaum etwas verbessert werden.

Anders ist das beim sogenannten »induzierten Widerstand«. Diese Form des Luftwiderstandes entsteht durch den Druckausgleich zwischen der Unter- und Oberseite des Fahrzeugs. Sieht man sich eine Automobilkarosserie im Seitenprofil an, so ist zu erkennen, daß die Oberseite gewölbt und die Unterseite relativ glatt ist, etwa so wie das Profil eines Flugzeugtragflügels. Die Luft, die an der Karosserieoberseite entlangströmt muß einen längeren Weg zurücklegen als die unter dem Fahrzeug durchströmende. Dadurch entsteht oben Unterdruck und unten Überdruck, wodurch der Wagen mit zunehmender Geschwindigkeit im wahrsten Sinne des Wortes leichter wird. Dadurch geht Bodenhaftung verloren.

Der induzierte Widerstand entsteht nun durch das Bestreben der Luft, den Druckunterschied zwischen der Karosserieunterseite zur -oberseite auszugleichen. Die Luft strömt an den Fahrzeugflanken entlang von untern nach oben, wobei Wirbel entstehen, die Widerstand produzieren.

halb ziemlich ausgefeilt. In diesem Zusammenhang taucht oft der Begriff "Luftwiderstandsbeiwert" auf. Dieser "C_w-Wert" sagt nichts über den tatsächlichen Luftwiderstand eines angeströmten Körpers aus. Er bezeichnet vielmehr eine Größe, die einen Vergleich zu anderen Körpern zuläßt. Der C_w-Wert charakterisiert die aerodynamische Qualität eines Körpers. Der tatsächliche Luftwiderstand wird errechnet aus dem Luftwiderstandsbeiwert (multipliziert mit der Stirnfläche einesKörpers,

Die Arbeit im Windkanal gehört heute zu den wichtigsten Entwicklungsphasen im Automobilbau.

bzw. des Automobils. Wie schon gesagt, bringen aerodynamische Veränderungen am Fahrzeug nicht immer eine Verringerung des Luftwiderstandes mit sich, das Gegenteil kann der Fall sein. Ein Frontspoiler zum Beispiel kann zwar durchaus den C_w-Wert verbessern, den tatsächlichen Luftwiderstand aber steigern, wenn dieser Spoiler die Stirnfläche im Verhältnis vergrößert.

Sehen wir uns an, welchen Aufwand die verschiedenen optischen Tuning-Maßnahmen erfordern und welche Auswirkungen sie auf die Fahrzeugaerodynamik haben.

FRONTSPOILER

Sowohl der Auftrieb als auch der induzierte Widerstand können durch den nachträglichen Anbau eines Frontspoilers verringert werden. Der Frontspoiler lenkt die von vorn anströmende Luft teilweise rechts und links an der Karosserie vorbei, anstatt sie unter dem Wagen hindurchzulassen. Die Folge ist ein verringerter Druckunterschied, der Auftrieb an der Karosserie wird geringer und der durch den Druckausgleich bedingte induzierte Widerstand nimmt ab. Je tiefer ein Spoiler an die Straßenoberfläche heranreicht, um so größer ist seine Wirkung. Natürlich sind hier für straßenverkehrstaugliche Autos Grenzen gesetzt, denn eine gewisse Hindernisfreiheit muß gewährleistet sein. Bei Rennfahrzeugen schleifen die Frontspoiler fast über die Piste. Allerdings findet man auf Rennstrecken nur selten hervorstehende Kanaldeckel. Eine positive Wirkung ist von aerodynamischen Zubehörteilen, also auch bei Frontspoilern, nur dann zu erwarten, wenn sie vorher im Windkanal an dem betreffenden Fahrzeugtyp getestet wurden. Der Verbraucher muß sich hier auf die Angaben der Hersteller verlassen. Greift man auf die Produkte von renommierten Herstellern zurück, besteht allerdings kaum ein Anlaß zu Mißtrauen. Jedenfalls fährt man dabei immer besser, als zum

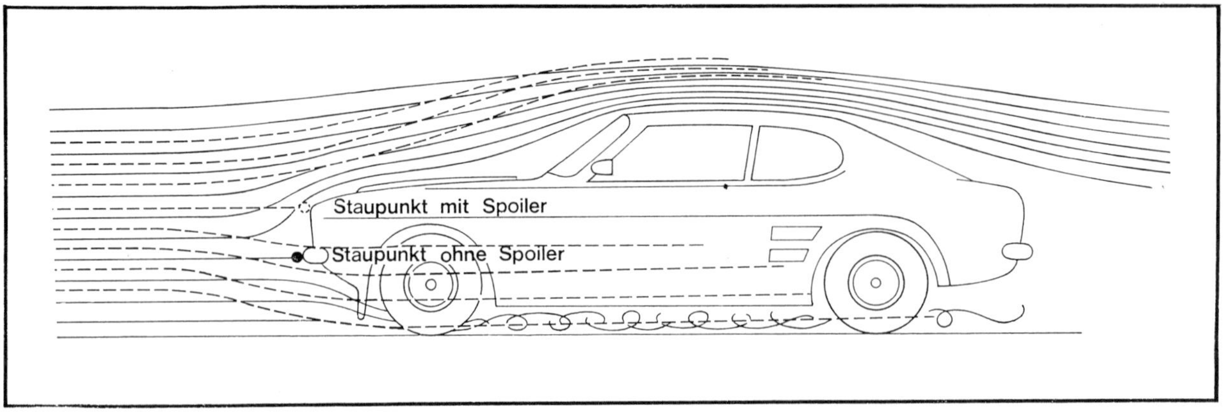

Luftströmungsverlauf an der Karosserie mit und ohne Frontspoiler.

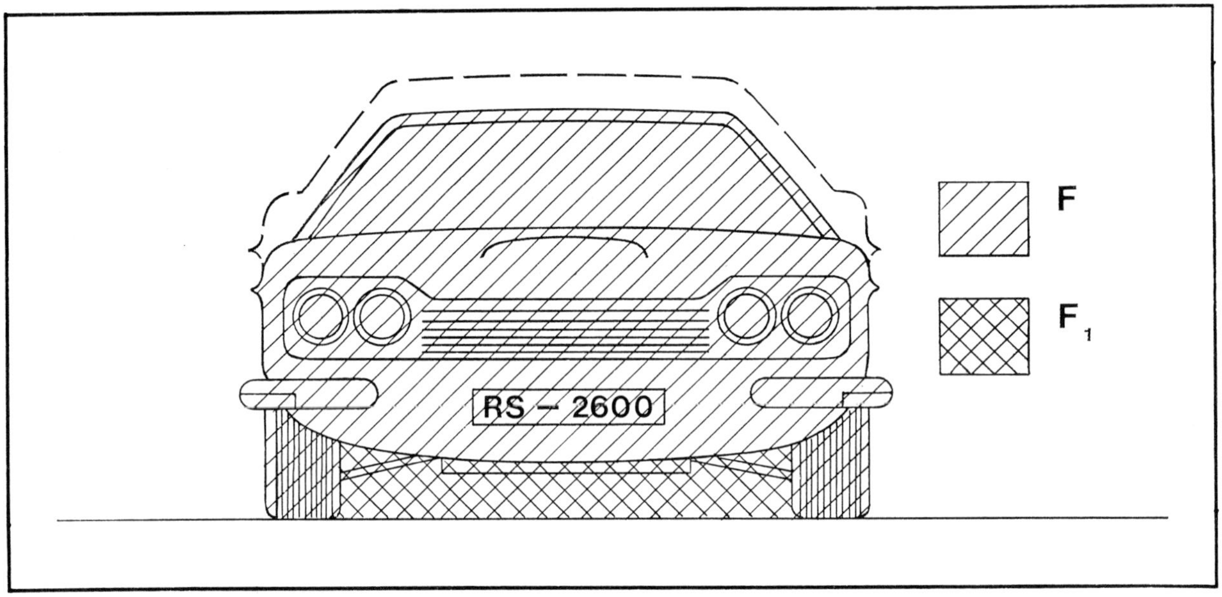

Durch Tieferlegung kann die Stirnfläche der Karosserie verkleinert werden.

Beispiel selbst einen Frontspoiler zu stricken. Davon muß dringend abgeraten werden. Nicht nur deshalb, weil aerodynamische Vorteile reiner Zufall wären, sondern es müssen schließlich auch so wichtige Dinge wie die Bremsenkühlung gewährleistet sein. Außerdem wäre die Verwendung selbstgebauter Teile nicht legal. Sie sollten übrigens immer nur Zubehörteile verwenden, für die der Hersteller eine "Allgemeine Betriebserlaubnis" oder ein "Mustergutachten" für Ihren Ford vorweisen kann. Das garantiert zwar keine versprochenen Vorteile, jedoch kann man sicher sein, daß die Verwendung solcher Teile keine gefährlichen Auswirkungen hat und außerdem legal ist.

HECKSPOILER:

Während Frontspoiler nicht nur an der Vorderachse, sondern insgesamt für Abtrieb sorgen, erzeugen Heckspoiler oder Heckflügel Abtrieb an der Hinterachse. Sind diese Bauteile sorgfältig entwickelt und richtig dimensioniert, können sie auch den Luftwiderstand reduzieren. Die über das Wagenheck strömende Luft hat das Bestreben, am Heck zu "kleben", sie löst sich nur widerwillig. Dabei erzeugt sie im hinteren Fahrzeugbereich Auftrieb. Löst sich die Luftströmung endlich vom Wagenheck, so bildet sie hinter dem Fahrzeug "Leewirbel", die dem Vortrieb des Fahrzeugs entgegen wirken. Der Heckspoiler oder -flügel hat die Aufgabe, die Strömung am Heck kontrolliert abreißen zu lassen. Je steiler der Heckspoiler steht und je größer er ist, um so mehr Abtrieb erzeugt er. Zu große Heckspoiler können jedoch wie eine Windbremse wirken. Es ist also ratsam, nur solche Spoiler zu verwenden, die neben Abtrieb auch für eine Reduzierung des Luftwiderstandes sorgen.

Die meisten Automobilhersteller rüsten heute ihre Modelle mit Front- und Heckspoilern aus, vor allem die sportlichen. So sind die Frontschürzen häufig weiter nach unten gezogen und als Spoiler ausgebildet und die hintere Kante des Kofferraumdeckels ist wie eine Abrißkante geformt. Häufig werden aber auch vorn und hinten aufgesetzte Spoiler verwendet.

Welche Spoilergröße man wählt, ist ein Frage des Geschmacks und der Einstellung. Kleine Spoiler sind dezenter und fügen sich besser in die Optik der Karosserie ein. Dafür erzeugen sie weniger Abtrieb. Große Spoiler oder gar Heckflügel sehen beeindruckend, wenn nicht sogar wild aus, sie erzeugen aber mehr Abtrieb. In jedem Fall gilt auch hier der Grundsatz, nur speziell für Fahrzeug entwickelte und zugelassene Bauteile zu verwenden.

Breitere Reifen und Räder vergrößern die Stirnfläche eines Wagen. Der TÜV verlangt, daß die aus der Karosserie hervortretenden Räder, wenn ein bestimmtes Maß überschritten wird, durch Spoiler oder Kotflügelverbreiterungen abgedeckt werden. Je nach dem wie groß die Spurverbreiterung ausfällt, um so größer müssen die Karosserieverbreiterungen dimensioniert sein. Durch eine verbreiterte Karosserie wird sich fast immer der Luftwiderstand erhöhen. Ausgefeilt geformte Spoiler und Kotflügelverbreiterungen können diesen Nachteil mildern, weil sie meistens weniger Widerstand produzieren als frei im Wind stehende Räder. Spoiler und Kotflügelverbreiterungen sollten jedoch nicht breiter sein, als es die Abdeckung der Räder erfordert.

SEITENSCHWELLERLEISTEN, HECKSCHÜRZEN, LUFTHUTZEN

Neben den bisher besprochenen Karosserie-Tuningteilen sind heute Seitenschwellerleisten und Heckschürzen beliebte Mittel, um die Optik des Fahrzeugs zu verändern. Diese Bauteile haben aber praktisch keinen positiven Einfluß auf die Fahrzeugaerodynamik, obwohl Windkanalversuche gezeigt haben, daß einige Seitenschwellerleisten eine geringe Verbesserung des C_w-Wertes erbringen, was bei unveränderter Stirnfläche eine gewisse Reduzierung des Luftwiderstandes ergibt. Hauptsächlich dienen Seitenschweller und Heckschürze jedoch nur zur Veränderung der Optik. Wie weit man hier gehen will, ist reine Geschmacksache und über Geschmack läßt sich bekanntlich nicht streiten, weshalb die Frage der Optik nicht weiter erörtert werden soll.

Bei der Montage von Seitenschwellern sollte darauf geachtet werden, daß sie genug Bodenfreiheit gewährleisten, der Wagenheber noch angesetzt werden kann und die Wagenbreite nicht um ein bestimmtes Maß überschritten wird, es sei denn, die veränderte Breite wird in die Fahrzeugpapiere eingetragen.

Heckschürzen müssen ebenfalls genügend Bodenfreiheit garantieren und – obwohl aus feuer-

Vergleich des Kraftstoff-Verbrauchs von Fahrzeugen mit verschiedenen Cw - Werten bei konstanter Fahrgeschwindigkeit

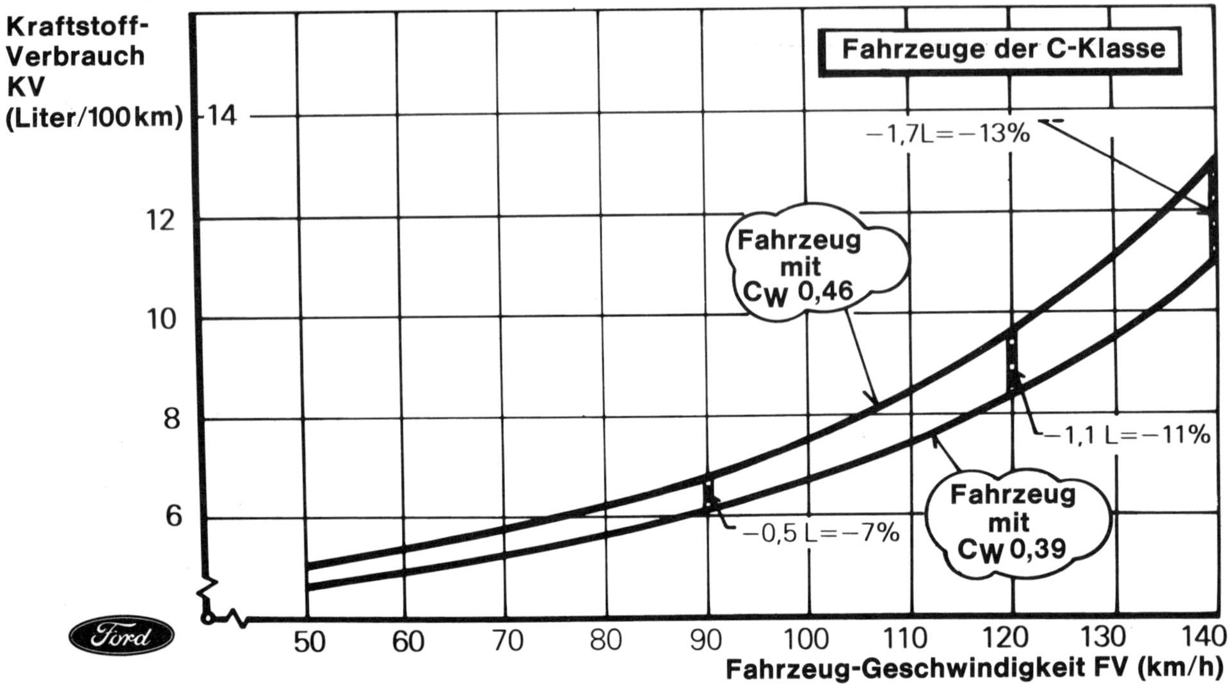

Dieses Diagramm zeigt die Auswirkungen des C_w-Wertes auf den Kraftstoffverbrauch.

resistentem Material hergestellt – sollte genügend Abstand zu den Auspuffrohren gehalten werden. Gegebenenfalls sind die Endrohre zu verlängern.

Im Angebot der Tuningteile-Hersteller findet man weiterhin Hutzen für die Motorhaube, spezielle Kühlergrills, Luftleitkanten für die Kotflügel, usw. Solche Bauteile bringen, technisch gesehen, keine oder nur unwesentliche Vorteile. Sie verändern in erster Linie die Fahrzeugoptik, erhöhen das Leergewicht des Wagens und füllen die Taschen der Hersteller.

Optische und aerodynamische Karosserieteile werden überwiegend aus drei verschiedenen Werkstoffen hergestellt: Metall, das heißt Stahl- und Aluminiumbleche, Hart- und Weichkunststoffe. Das am häufigsten verwendete Material ist der Glasfaserverstärkte Kunststoff (GfK), eine Mischung aus Kunstharzen und Glasfasern, die recht hart ist, eine hohe Festigkeit besitzt und dennoch relativ elastisch bleibt. GfK-Teile können preiswert hergestellt werden und erfordern bei der Montage nur durchschnittliche handwerkliche Fähigkeiten.

Zu den häufiger verwendeten Materialien zählen auch die Schäume. Wegen ihrer hohen Elastizität und Verformbarkeit können sie jedoch nur für bestimmte Bauteile verwendet werden, zum Beispiel für Heckspoiler. Mit Glasfasern durchsetzte Schäume haben eine größere Festigkeit bei immer noch großer Elastizität. Anbauteile aus Stahlblech oder Aluminium werden selten verwendet. Sie sind teuer in der Herstellung und erfordern beim Anbauen großes handwerkliches Geschick. Außerdem sind die Einwirkungen auf die Karosseriesubstanz bei diesen Werkstoffen am größten. In diesem Zusammenhang sollte sich jeder Tuning-Fan ohnehin darüber im klaren sein, daß der Anbau von Karosserie-Tuningteilen immer einen mehr oder weniger massiven Angriff auf die Karosserie darstellt. Selbst bei Kunststoffteilen, die "nur" geschraubt oder genietet werden, müssen Löcher ins Blech gebohrt werden. Trotz sorgfältiger Versiegelung lassen sich Rostschäden häufig nicht verhindern. Viel schlimmer ist es natürlich, wenn geschweißt werden muß. Dann sind anschließend meistens noch umfangreiche Lackierarbeiten nötig.

Thema optisches Tuning

Wer in erster Linie die aerodynamischen Qualitäten seines Fahrzeugs verbessern möchte, sollte nicht breiter bauen als unbedingt erforderlich und keine großdimensionierten Spoiler wählen. Es werden dann vielleicht nicht so gute Abtriebswerte erreicht, dafür hält sich die Vergrößerung der Stirnfläche und des Luftwiderstandes in Grenzen. In diesem Rahmen können schon recht breite Räder und Reifen verwendet und beachtliche Spurverbreiterungen realisiert werden. Die montagebedingten Auswirkungen auf die Karosserie halten sich in Grenzen. Außerdem bleibt das Erscheinungsbild des Wagens eher unauffällig.

Auf der anderen Seite gibt es Tuning-Fans, die in Zusammenhang mit Karosseriemodifikationen weniger Wert auf die technische Seite legen, sondern mehr daran interessiert sind, ihren Ford individuell nach ihrem Geschmack optisch zu gestalten. Das riesige Angebot an Zubehörteilen läßt hier -zig Varianten zu. Für einige Modelle sind Umrüstsätze zu haben, mit denen der Wagen fast so breit wie lang wird. So aufgebaute Autos mögen sehr beeindruckend aussehen, aber in vielen Fällen hält die Motorleistung nicht was die Optik verspricht, was viele Tuning-Fans allerdings nicht stört. Neben dem möglichen Mißverhältnis zwischen Optik und Leistung können extreme Fahrwerksverbreiterungen auch handfeste technische Nachteile mit sich bringen. Dazu gehört eine verminderte Höchstgeschwindigkeit und höherer Kraftstoffverbrauch durch den erhöhten Luftwiderstand. Die Lenkkräfte können stark anwachsen, was besonders bei Fahrzeugen ohne Lenkhilfe unangenehm werden kann. Wenn auch durch überbreite Reifen und Spur in der Regel sehr hohe Kurvengeschwindigkeiten zu erreichen sind, so kann das Fahrverhalten im Kurvengrenzbereich problematisch werden. Außerdem neigen Fahrzeuge mit extrem breiter Spur zu schlechtem Geradeauslauf, weil sie jeder Längsrille folgen. Nicht zuletzt muß der massive Eingriff in die Karosseriesubstanz erwähnt werden, den solche Extremumbauten meistens erfordern. Wenn Bohr- oder Schweißstellen nicht sorgfältig versiegelt werden, wird die Karosserie schnell durch Rostfraß befallen. Häufig kann das Fahrzeug auch nicht mehr oder nur mit sehr viel Aufwand in den Originalzustand versetzt werden.

DAS LETZTE "FINISH" DURCH SINNVOLLES ZUBEHÖR

Wer nach Motortuning, Fahrwerkverbesserung und -verbreiterung, optischer und aerodynamischer Karosseriebearbeitung noch Lust, oder wichtiger: noch Geld hat, der kann seinem Renner durch weiteres sinnvolles Zubehör den letzten Schliff geben. Dazu gehören zum Beispiel Schalensitze, die nicht nur besseren Seitenhalt bei hohen Kurvengeschwindigkeiten gewährleisten, sondern meistens auch einen besseren Sitzkomfort bieten. Den Einbau von Hosenträgergurten und Überrollbügel, um Leib und Leben besser zu schützen, kann sich nur leisten, wer nicht jeden Sonntag mit Oma und Opa ins Grüne reisen muß. Solche Accessoires gehen zu Lasten der Familientauglichkeit. Zusatzfernscheinwerfer sorgen für gute Sicht bei flotten nächtlichen Ausfahrten und mit einem sportlichen Lederlenkrad hat man sein Gefährt besser im Griff. Wer stets genau wissen möchte, wie es um das Triebwerk seines Wagens steht, der sollte sich Zusatzinstrumente zur Überwachung von Öldruck, Ölmperatur und Wassertemperatur anschaffen. Ein Drehzahlmesser – bei jedem etwas besser ausgestattetem Fordmodell sowieso vorhanden – sollte auf jeden Fall installiert werden, besonders dann, wenn bei gesteigerter Motorleistung die Übersetzung unverändert bleibt. Der Motor erreicht dann unter Umständen Drehzahlbereiche mit sehr hohen Kolbengeschwindigkeiten. Kurzfristig ist das nicht so problematisch, aber bei andauernder Autobahnfahrt mit Höchstgeschwindigkeit kann es zu Motorschäden kommen. Dann ist es schon wichtig zu wissen, ob der Motor 6000 oder 7000/min dreht.

Wer einen Escort Cosworth sein eigen nennen darf, der braucht sich über Zubehörkauf keine Gedanken zu machen. Hier ist ein Vorserienmodell abgebildet.

Von »ABE«, »Mustergutachten« und »Einzelabnahme«

Obwohl man es manchmal anzweifeln möchte: Unsere Behörden sind tatsächlich besorgt um das Wohl des Staatsbürgers, in zahllosen Gesetzen und Vorschriften spiegelt sich diese Fürsorge wider. Auch bei allem, was mit dem Straßenverkehr und Automobilen zusammenhängt, ist das der Fall. Und das ist auch gut so. Mögen Gesetze und Vorschriften in manchen Fällen unsinnig und überflüssig erscheinen, oder auch sein, grundsätzlich ist die staatliche Kontrolle im Automobilwesen mehr nützlich als schädlich.

Man stelle sich die Konsequenzen vor, wenn jeder Hersteller Automobile oder Zubehör produzieren und in den Verkehr bringen könnte, ohne daß diese Produkte vorher sorgfältig geprüft würden. Zwar sorgt schon der Wettbewerb zwischen den Herstellern für einen gewissen Qualitätsstandard, wahrscheinlich befände sich jedoch die technische Sicherheit im Automobilbau auf einem niedrigeren Niveau. Das trifft sicherlich kaum auf renommierte, große Firmen zu, aber so mancher "Hinterhofschrauber" würde in der Hoffnung auf die schnelle Mark ohne Gewissensbisse Schrott auf den Markt werfen.

Jeder kann sich denken, daß gerade das Geschäft mit Tuningzubehör sehr anfällig für solche Auswüchse ist. Zulassungsvorschriften muß es also geben, um den Autofahrer, ob immer einsichtig oder nicht, vor unliebsamen Folgen zu schützen.

Jedes Automobil darf bei uns in Deutschland nur mit einer sogenannten "Allgemeinen Betriebserlaubnis" (ABE) in den Verkehr gebracht werden. Die Erteilung einer solchen Erlaubnis ist Sache des "Technischen Überwachungsvereins", kurz TÜV genannt. Nach bestimmten, festgelegten Kriterien werden die Fahrzeuge auf Herz und Nieren geprüft, bevor der TÜV grünes Licht gibt. Jede nachträgliche bauliche Veränderung eines Fahrzeugs, also auch die Montage eines Spoilers, breiterer Räder, eines Schalensitzes, usw. müssen der StVZO entsprechen und bedürfen der Zulassung durch den TÜV. Diese Zulassung kann auf verschiedene Weise erfolgen.

Ein Beispiel: Ein Fahrzeug soll von Stahlrädern auf breitere Alu-Räder mit breiteren Reifen umgerüstet werden und der Hersteller dieses Fahrzeugs liefert ein Modell derselben Baureihe auf Wunsch mit exakt diesen Rädern aus. Selbstverständlich existiert dann für das Modell mit den breiteren Rädern eine ABE (Allgemeine Betriebserlaubnis). Sie sind dann häufig schon werksseitig in den Kraftfahrzeugbriefen der gesamten Modellreihe eingetragen, als "wahlweise Verwendung". Das ist der günstigste Fall. Die Stahlräder können dann ohne weitere Umstände gegen die originalen Alu-Räder mit der entsprechenden Bereifung ohne zusätzliche TÜV-Freigabe ausgetauscht werden. Falls sich das Modell mit den serienmäßigen breiteren Rädern baulich geringfügig von dem mit den schmaleren Rädern unterscheidet (z.B. Fiesta XR2), durch aufgesetzten Kotflügelverbreiterungen zum Beispiel, wären die breiteren Räder auch nur im Brief dieses Modells eingetragen. Auch in diesem Fall ist die nachträgliche Umrüstung häufig problemlos möglich, wenn die fehlenden Kotflügelverbreiterungen angebracht werden. Die meisten Automobilhersteller geben dann für die Nachrüstteile eine ABE heraus, die die Umrüstung mit den Originalteilen des Herstellers für die Verwendung im Straßenverkehr legitimiert, auch ohne zusätzliche Vorführung beim TÜV. Es genügt wenn die ABE ständig mitgeführt wird. In manchen Fällen kann jedoch trotz ABE eine TÜV-Abnahme erforderlich sein, die dann aber problemlos verläuft.

Im Tuning-Alltag weitaus häufiger ist, daß Tuningteile und Zubehör nicht beim Automobilhersteller, sondern auf dem freien Markt erstanden werden. Nun, auch diese Leute sind Profis und wer in dieser Branche etwas werden will, muß seinen Kunden TÜV-geprüftes Zubehör anbieten können.

Bauliche Veränderungen am Fahrzeug und Zubehörteile die der "Betriebserlaubnispflicht" unterliegen, bedürfen, genau wie ein neues Automodell, einer ABE, wenn sie legal im Straßenverkehr verwendet werden sollen. Für manche Zubehör- und Tuningteile genügt auch ein sogenanntes "Mustergutachten". Der Unterschied zwischen beiden Genehmigungsarten liegt darin, daß bei den Prüfkriterien zur Erlangung einer ABE die Vorschriften der Europäischen Gemeinschaft (EG) maßgebend sind, während beim Mustergutachten lediglich die Bestimmungen der deutschen StVZO eingehalten werden müssen. Weil der Prüfaufwand geringer ist, sind Mustergutachten in der Regel nicht so teuer wie eine ABE.

Der TÜV prüft nicht nur die Qualität und Sicherheit des betreffenden Zubehörteils, sondern auch die direkten Auswirkungen auf den Fahrbetrieb eines Fahrzeugs. Bei einem Frontspoiler zum Beispiel, werden Material und Bauausführung ebenso begutachtet, wie die Auswirkungen auf die Aerodynamik. Man kann ziemlich sicher sein, daß TÜV-geprüfte Veränderungen oder Zubehörteile keine negativen Auswirkungen auf den Betrieb eines Fahrzeugs haben, was den Sicherheitsaspekt angeht.

Die Kosten zur Erlangung einer ABE oder eines Mustergutachtens hängen vom notwendigen Prüfaufwand ab und können manchmal viele tausend Mark ausmachen. Je höher die Produktionszahl eines Zubehörteils ist, um so geringer schlagen diese Kosten bei der Kalkulation auf den Stückpreis durch, denn die erteilte ABE oder das Mustergutachten haben Gültigkeit für die gesamte Serienproduktion. Beim Erwerb von zugelassenen Teilen erhält der Käufer vom Händler eine Kopie der entsprechenden ABE oder des Mustergutachtens. Sind die Teile dann ein- oder angebaut, muß das Fahrzeug zumindest beim Mustergutachten, anschließend dem TÜV zur Begutachtung vorgeführt werden. Danach werden die Veränderungen in die Fahrzeugpapiere eingetragen. Dieses Verfahren ist zwingend erforderlich. Allein das Mitführen des Mustergutachtens nach der Veränderung am Fahrzeug, ohne Vorführung beim TÜV, reicht auf keinen Fall aus. Die Betriebserlaubnis des gesamten Fahrzeuges kann dadurch erlöschen und damit auch der Versicherungsschutz.

Neben baulichen Veränderungen, die die Karosserie und das Fahrwerk betreffen, müssen selbstverständlich auch Maßnahmen, die der Steigerung der Motorleistung dienen, vom TÜV genehmigt werden. Der TÜV richtet dabei ein besonderes Augenmerk darauf, ob die Abgasgrenzwerte noch eingehalten werden. Die veränderte Motorleistung und gegebenenfalls auch der veränderte Hubraum wird dann in die Fahrzeugpapiere eingetragen.

Man kann sicher sein, daß der TÜV alle baulichen Veränderungen am Fahrzeug sowie Tuningzubehör genehmigt, für die eine ABE oder ein Mustergutachten vorliegen, sofern die damit im Zusammenhang stehenden Arbeitern fachgerecht und ordnungsgemäß durchgeführt wurden. Es sind jedoch auch Produkte auf dem Markt, die vom Hersteller mit einer sogenannten Unbedenklichkeitsbescheinigung ausgeliefert werden. Für diese Produkte liegt weder eine ABE noch ein Mustergutachten vor; vor dem Erwerb solcher Produkte muß eindringlich gewarnt werden, es sei denn, man ist ganz sicher, daß der TÜV zu so einem Zubehörteil seinen Segen gibt. Das kann von Stadt zu Stadt unterschiedlich gehandhabt werden. Akzeptiert eine TÜV-Stelle jedoch die Verwendung im Straßenverkehr und die Veränderung wird eingetragen, dann ist die Sache rechtlich völlig in Ordnung.

Es macht sicher Spaß einen solchen Boliden zu fahren, aber nur dann, wenn alle Umbauten legal sind. Wer diesen Grundsatz nicht beachtet, läuft Gefahr, die Betriebserlaubnis für sein Fahrzeug zu verlieren und das kann fatale Folgen haben.

Zubehörteile, die vom Handel mit dem Vermerk "ohne TÜV-Freigabe" angeboten werden, sollten grundsätzlich nicht verwendet werden, allein schon wegen der Konsequenzen, die bis zum Verlust der Zulassung des gesamten Fahrzeugs führen können. Außerdem gibt es keinen Nachweis über den Sicherheitsstandard solcher Produkte.

Wer weder Mühe noch Kosten scheut, hat allerdings die Möglichkeit, sogar selbstgebautes Zubehör über die TÜV-Hürde zu bringen. Das kann durch eine Einzelabnahme geschehen. Die gesetzlichen Bauvorschriften und Sicherheitsbestimmungen müssen allerdings auch in diesem Fall eingehalten werden.

Die Einzelabnahme ist in der Realität aber kaum mehr als eine theoretische Möglichkeit, denn die Kosten für eine Einzelabnahme sind enorm. Das Prüfverfahren für einen Frontspoiler würde mehrere tausend Mark kosten, womit allerdings die Zulassung keineswegs gesichert wäre.

Thema TÜV

Nur solche Veränderungen am Fahrzeug sollten vorgenommen werden, für die eine ABE oder ein Mustergutachten vorhanden ist. Egal ob es sich um Motortuning, Fahrwerksänderungen, Räder und Reifen, Karosserieumbauten, Spoiler, Lenkräder, Sitze usw. handelt. Wenn man im Zweifel ist, ob eine Veränderung oder der nachträgliche Einbau eines Zubehörteils überhaupt durch den TÜV abgenommen und eingetragen werden muß, so hilft ein Gespräch mit der nächsten TÜV-Prüfstelle. Dort weiß man, in welchen Fällen ein Fahrzeug vorgeführt werden muß oder nicht.

Ford-Tuning heute

Ford-Tuning hat in Deutschland eine lange Tradition. Bereits eingangs dieses Buches wird über die frühe Gründung der RS-Abteilung im Jahr 1971 berichtet. Damals begann die Tuning-Bewegung allgemein sich langsam zu etablieren, um mit dem Automobil-Boom, der bis heute angehalten hat, ständig zu wachsen.

Neben den Ford-Werken wurden anfangs der siebziger Jahre auch schon einige private Tuning-Firmen aktiv, von denen die meisten eigenen Rennställe unterhielten. Die im Motorsport gewonnenen Erfahrungen wurden dann im Straßen-Tuning umgesetzt. Einige dieser Pioniere der Tuning-Bewegung betätigen sich erfolgreich im Motorsport und auf dem Tuning Sektor. Namen wie Zakspeed, Eichberg oder Gerstmann sind jedem Ford-Fan ein Begriff. Die nächsten Kapitel beschäftigen sich nun mit dem Angebot des Tuning-Marktes. Um das möglichst übersichtlich zu gestalten, werden die einzelnen Modellreihen Fiesta, Escort, Capri, Sierra und Scorpio getrennt behandelt. Jede Modellreihe wird zunächst mit einem Portrait vorgestellt. Aufgeteilt in die einzelnen Tuning-Bereiche Motor, Fahrwerk und Optik bzw. Aerodynamik folgt dann ein Überblick über das Teile-Angebot. Nicht jedes Motortuningteil, jedes Rad, Stoßdämpfertyp oder Karosserieumbausatz der verschiedenen Anbieter kann vorgestellt werden. Das Angebot ist einfach zu groß und der Rahmen des Buches würde gesprengt. Vielmehr soll anhand von Beispielen ein Eindruck von der Reichhaltigkeit und den Möglichkeiten des Tuning-Angebots für die einzelnen Modelle vermittelt werden.

Es werden nur die wesentlichen und häufig verwendeten Teilgruppen der verschiedenen Tuning-Bereiche besprochen. Allgemeineres und "zweitrangiges" Zubehör, wie Hochleistungsölpumpen, Ölkühler, Spezialkupplungen, Sperrdifferentiale, Bremsenteile, Lenkräder, usw. wird bewußt nicht systematisch behandelt. Der Leser, der die technische Einführung in diesem Buch aufmerksam gelesen hat, weiß, daß es solches Zubehör gibt und welchen Sinn es hat. Er kann den Fachmann fragen, ob nicht das eine oder andere Teil zur korrekten Durchführung einer Tuning-Maßnahme verwendet werden muß.

Fiesta-Tuning

Der Fiesta ist der kleinste Sproß der Kölner Ford-Familie. 1976 erstmals vorgestellt, war er zwar nicht der erste Fronttriebler aus Köln (das war der Ford 12M/P4) aber er leitete bei Ford die Ära der modernen, frontangetriebenen Kompaktwagen mit quergestelltem Motor und Getriebe ein.

Der Fiesta war von Anfang an ein europäischer Verkaufsrenner und ist es bis heute geblieben. Mittlerweile sind weit mehr als 4,5 Millionen Einheiten verkauft worden. Sieben Jahre lang wurde der Fiesta nahezu unverändert gebaut, bevor der kleine Ford 1983 einem facelifting unterzogen und technisch überarbeitet wurde. 1989 stellte Ford einen optisch und technisch völlig neu konstruierten Fiesta vor.

Der Fiesta wurde als kompakter, viersitziger Kleinwagen konzipiert, als Antwort auf die damals mehr und mehr auf den deutschen Markt drängenden italienischen und französischen Wagen gleicher Machart. Bis 1989 blieb Fiesta-Technik und -Fahrwerk im Prinzip unverändert: Die angetriebene Vorderachse bestand aus einzeln aufgehängten Rädern mit McPherson-Federbeinen, Querlenkern und Zugstreben. Bei der Hinterachse handelte es sich um eine sogenannte "geschleppte

Achse“ mit Schraubenfedern, Teleskopstoßdämpfern, Längslenkern und einem Panhardstab, der die Seitenkräfte aufnimmt.

Basis für die Fiesta-Motoren waren die englischen Ford Kent-Motoren, eine recht antiquierte, jedoch in der Herstellung preiswerte und im Betrieb zuverlässige und robuste Konstruktion. Bei den Motoren, die zwischen 1,0 und 1,6 Liter Hubraum haben, handelt es sich durchweg um Vergasermotoren.

1983 präsentierte Ford einen innen wie außen stark überarbeiteten Fiesta. Äußerlich unterscheidet sich diese Fiesta-Baureihe besonders durch die geänderte Frontpartie vom Vorgängermodell, die dem durch den Sierra eingeleitetem Ford-Design-Konzept folgte. Die Motorhaube wurde viel flacher, die Ecken und Kanten im Frontbereich abgerundet. Der Kühlergrill des alten Modells wich einem schmalen Lufteinlaß. Der Luftwiderstandsbeiwert konnte so von C_w 0,42 auf 0,40 gesenkt werden. Bis auf einige Detailänderungen blieb die übrige Karosserie unverändert.

Völlig neu gestaltet wurden der Innenraum und das Instrumentenbrett. Auch hier diente das Sierra-Design als Vorbild.

Kräftig überarbeitet wurde auch das Fahrwerk, besonders im Bereich der Vorderachse. Das Konstruktionsprinzip wurde bei diesem Modell zwar unverändert beibehalten, jedoch sind die Federbeine neu konstruiert. Die äußeren Kugelgelenke der Lenkung stammten vom Escort; die Anlenkpunkte der Querlenker an der Karosserie wurden geändert, die Zugstreben erhielten verbesserte Lagerbuchsen. Insgesamt wurde das Fahrwerk neu abgestimmt, wozu auch neue Stoßdämpfer an Vorder- und Hinterachse gehörten.

Auch bei den Motoren gab es verschiedene Änderungen. So hatte der 1,0-Liter-Motor 33/45 statt 29/40 kW/PS. Der 1,1-Liter-Motor wurde als “Mager-Konzept-Motor“ ausgelegt. Zusammen mit einer leichten Leistungsdrosselung von 39 kW/53 PS auf 37 kW/50 PS und einer Optimierung der Ansaugkanäle und des Brennraumes, konnte der Kraftstoffverbrauch erheblich reduziert werden. Die 1,3- und 1,6-Liter-OHV-Motoren aus der Kent-Familie wurden aus dem Programm genommen und durch die modernen Escort-CVH-Motoren mit obenliegender Nockenwelle ersetzt. Die 1,3-Liter-Version leistete 51 kW/69 PS, der 1,6-Liter-Motor 71 kW/96 PS. Erstmals gab es im Fiesta auch einen 1,6-Liter-Dieselmotor.

Nach 13 Produktionsjahren stellte Ford 1989 einen völlig neuen Fiesta vor, der mit einem Kapitalaufwand von 1,7 Milliarden Mark entwickelt wurde.

Die Karosserie des 89er Fiesta ist völlig neu. über 1000 Stunden Windkanalarbeit ermöglichten eine weitere Reduzierung des C_w-Wertes auf 0,35. Der neue Fiesta ist 10 cm länger und 2 cm breiter als das alte Modell, bei einem wesentlich verlängertem Radstand. Im Gegensatz zu seinem Vorgänger ist der neue Fiesta auch als Fünftürer zu haben.

Neu ist auch das Fahrwerk, das wie das Vorgänger-Modell an der Vorderachse mit McPherson-Federbeinen ausgestattet ist, jetzt aber über neue Querlenker verfügt. Die neue, mit Federbeinen ausgestattete Verbundlenker-Hinterachse sorgt für besseren Federungskomfort und exakt geführte Räder.

Zum Serienstart gibt es im Fiesta-Programm sechs verschiedene Motoren, wobei die Verfügbarkeit zum Teil von der Ausstattung abhängt. Lieferbar sind 1,1- und 1,4-Liter-Motoren, jeweils als Vergaser- oder Einspritzmotoren, ein 1,6-Liter-Einspritzmotor und ein neuer 1,8-Liter-Dieselmotor. Die Einspritzer werden grundsätzlich mit geregeltem Katalysator geliefert. Bei den 1,1-Liter-Motoren handelt es sich um die sogenannten "HSC“-Motoren. HSC steht für “High Compression Swirl“, was wörtlich übersetzt “Hochdruck-Verwirbelung“ bedeutet. Diese Bezeichnung deutet auf den neu gestalteten Zylinderkopf hin, dessen Ansaugkanäle mit einem speziellen Einlaufdrall versehen sind. Zusammen mit dem neu konstruierten Ansaugkrümmer und den mit einer Leitkante versehenen Einlaßventilen sorgt diese

Konstruktion für eine optimale Zylinderfüllung und Gemischverwirbelung. Die HSC-Motoren basieren auf den Kent-OHV-Motoren mit untenliegender Nockenwelle. Mit einem Aufwand von zweihundert Millionen Marken wurden sie jedoch so gründlich überarbeitet, daß kaum noch etwas vom alten Motor übrigblieb. Bei den 1,4- bzw. 1,6-Liter-Motoren handelt es sich um CVH-Motoren mit obenliegender Nockenwelle. Mittlerweile sind alle Vergasermotoren aus dem Fiesta-Programm gestrichen worden. Es sind nur noch Einspritzversionen mit geregeltem Katalysator und dem 1,8-Liter-Dieselmotor lieferbar, wobei auch die beiden 1,4-Liter-Versionen und der 1,6-Liter-CVH-Motor nicht mehr verfügbar sind. Ersetzt wurden diese Motoren mit dem Modelljahr 1992 durch den neuen 1,3-Liter-HSC-Motor mit zentraler Benzineinspritzung und einen 1,8-Liter-DOHC-24V-Motor in zwei Leistungsausführungen. Dieser neue Doppelnockenwellen-Motor wird anschließend noch näher beschrieben.

DIE SPORTLICHEN FIESTAS

Um auch den Anhängern sportlicher Kleinwagen etwas bieten zu können, hatte Ford von Anfang an eine Sport-Version des Fiesta im Programm. Das war zunächst der Fiesta S. Dieses Modell war serienmäßig mit einem 1,1-Liter 39 kW/53 PS-Motor ausgestattet. Besondere Merkmale waren u. a. ein straffer abgestimmtes

Dieser Fiesta von 1979 ist mit Ford-RS-Teilen umgerüstet worden, die auch heute noch zu haben sind.

Diese Umrüstung auf 7" x 13 Alu-Felgen mit 195/50er Reifen vorn und 205/50er hinten erfordert größere Eingriffe in die Karosserie.

Ziemlich bieder erscheint ein serienmäßiger Fiesta L Jahrgang 1984 unten.

Recht flott sieht dieser mit Ford-RS-Teilen ausgerüstete Fiesta 1,1i CLX aus.

Fahrwerk mit einem zusätzlichen Stabilisator an der Hinterachse. Äußerlich unterschied er sich von den übrigen Modellen durch schwarz lackierte Chromteile, breite Seitenstreifen und einem "S"-Schriftzug. Die Innenausstattung wurde durch Zubehör wie Drehzahlmesser, Vierspeichenlenkrad und Sportsitze, sportlich aufgewertet.

Ab 1977 war für den Fiesta S auch ein 1,3-Liter-Motor mit 49 kW/66 PS lieferbar, und 1981 brachte Ford den Fiesta XR2 heraus, als Fiesta-Pendant zum Escort XR3. Mit seinem 1,6-Liter-63 kW/84 PS-Motor galt der XR2, im Gegensatz zum S-Modell, durchaus schon als kleiner Sportler. Die Fahrleistungen wiesen recht beachtliche Werte auf: von 0 – 100 km/h beschleunigte der XR2 in 10,1 Sekunden, die Höchstgeschwindigkeit betrug 170 km/h. Auch bei der übrigen Ausstattung war ein deutlicher Schritt in Richtung "werksseitiges Tuning" zu erkennen. So verfügte der XR2 serienmäßig über Front- und Heckspoiler, kleine Kotflügelverbreiterungen, sechs Zoll breite Aluminium-Räder mit Reifen der Größe 185/60HR13. Die Bremsscheiben an den Vorderachsen waren innenbelüftet. Weitere Merkmale: runde Scheinwerfer, schwarz lackierte Chromteile, Sportsitze, Drehzahlmesser. Selbstverständlich verfügte der XR2 über ein straffes, sportlich abgestimmtes Fahrwerk.

Nach der Überarbeitung der Fiesta-Baureihe 1983 waren weiterhin eine S- und XR2-Version verfügbar. Beide Varianten erhielten die neuen CVH-Motoren mit obenliegender Nockenwelle aus dem Escort-Programm, beim S-Modell einen 1,3-Liter-Motor mit 51 kW/69 PS und im XR2 ein 1,6-Liter-Motor mit 71 kW/96 PS. Obwohl der Fiesta S mit 51kW schon recht gut motorisiert ist, fing der Spaß erst beim XR2 richtig an, zumal er nicht nur genügend Leistung hat, sondern auch mit anderen sportlichen Eigenschaften versehen ist, die ihn zu einem handlichen Flitzer machen. Dazu gehörte serienmäßig auch ein sportlich abgestuftes Fünfganggetriebe.

Anfang 1989 wurde der neue Fiesta vorgestellt. Zu den lieferbaren Modellvarianten gehören auch wieder ein S- und ein XR2-Modell. Vor allem mit dem XR-Modell wird Ford dem weitverbreiteten Tuning-Trend entsprechen, um auf diese Weise ein Stück vom großen Kuchen abzubekommen. Der XR2i, so die genaue Bezeichnung, hinterläßt den Eindruck, als sei er gerade aus der Werkstatt eines Edel-Tuners gerollt. Die optische Aufmachung wirkt wie aus einem Guß.

In dem weit heruntergezogenen, als Spoiler ausgebildeten vorderen Stoäfänger sind Nebel- und Fernscheinwerfer integriert. Zur sportlichen, optischen Aufmachung gehören weiterhin Kotflü-

Ansaugkrümmer mit Einspritzleiste vom 1,8-Liter-DOHC-16 V-Motor.

Ein serienmäßiger Fiesta XR2i. Die vier im Frontspoiler eingelassenen Lampen lassen keine optische Harmonie aufkommen.

gelverbreiterungen an den vorderen und hinteren Radausschnitten, Türschwellerleisten, ein zur Heckschürze ausgebildeter hinterer Stoßfänger und ein Heckspoiler an der Oberseite der Heckscheibe. Serienmäßig rollt der XR2i auf 5.5 Jx13"-Stahlfelgen mit Reifen der Größe 185/60HR13. Auf Wunsch sind 5.5 Jx13"-Leichtmetallfelgen lieferbar. Die Innenausstattung wirkt sportlich gediegen.

Angetrieben wird der XR2i Jahrgang 1989 von einem 1,6-Liter-Einspritzmotor mit obenliegender Nockenwelle, der 76 kW/104 PS leistet. Er verhilft dem kompakten Sportler zu einer Beschleunigung von 10,1 Sekunden von 0-100 km/h und ermöglicht eine Höchstgeschwindigkeit von 187 km/h. Der geregelte Katalysator gehört ebenso zur Serienausstattung wie das Fünfganggetriebe.

Wie zuvor schon erwähnt, bietet Ford ab Modelljahr 1992 auch in seiner kleinsten Modellreihe Vierventilmotoren-Technik an und folgt damit einem allgemeinen Trend. Es handelt sich um einen 1,8-Liter-Motor mit zwei obenliegenden Nockenwellen und vier Ventilen pro Zylinder, der in zwei Leistungsversionen zur Verfügung steht: mit 77 kW/105 PS bei 5500/min für den Fiesta S und mit 96 kW/130 PS bei 6250/min für den XR2i.

Neben der Vierventiltechnik zeichnet sich dieser neue Motor auch durch andere Merkmale des modernen Motorenbaus aus: wartungsfreie, hydraulische Ventilstößel, elektronisches Motorsteuerungssystem, elektronische Benzineinspritzung.

Schon der Fiesta S mit der schwächeren Motorversion bietet beachtliche Fahrleistungen, währende der XR2i mit einer Beschleunigung von 8,5 s von 0-100 km/h und einer Höchstgeschwindigkeit von 200 km/h bereits in sportwagenähnliche Leistungsbereiche vorstößt.

Dieser aufwendig gestaltete XR2 hat natürlich seinen Preis, er bietet allerdings den Vorteil, daß alle Karosserieveredelungen sorgfältig und sauber ausgeführt sind. Folgenschwere Rostschäden, wie sie etwa bei nachträglichen Umbauten auftreten können, sind nicht zu befürchten, der Käufer hat volle Garantie. Der XR2i stellt damit eine inter-

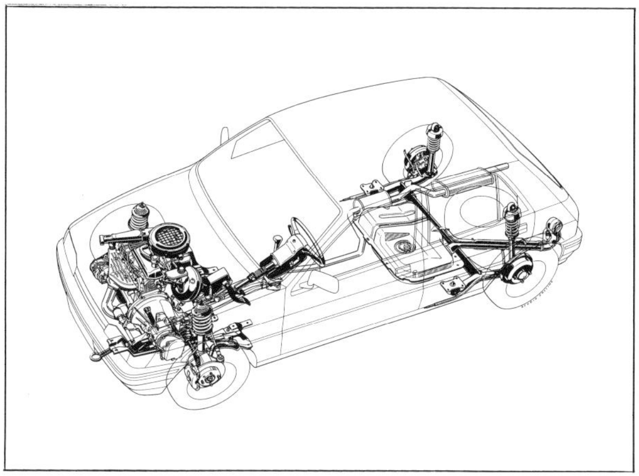

Das Fahrwerk des neuen Fiesta.

essante Alternative zum nachträglichen Tuning dar.

Aufgrund seiner Konzeption ist der Fiesta besonders als Zweit- und Kurzstreckenwagen und als Einstiegsauto für junge Leute geeignet. Nicht zuletzt deshalb ist dieser Ford ein beliebtes Tuning-Objekt.

FIESTA-TUNING: MOTOR

Alle Fiesta I, die zwischen 1976 und 1983 gebaut wurden, werden vom Motoren angetrieben, die auf den englischen Kent-Motoren basieren. Es sind fünf Motoren, die im oben genannten Zeitraum geliefert wurden:

1,0 Liter 29 kW/40 PS
1,0 Liter 33 kW/45 PS
1,1 Liter 39 kW/53 PS
1,3 Liter 49 kW/66 PS
1,6 Liter 62 kW/84 PS

Für diese Motoren gibt es heute noch teilweise recht umfangreiches Tuning-Zubehör, mit Ausnahme der 1,0-Liter-Motoren, die für Tuning-Maßnahmen ohnehin nicht die beste Basis darstellen. Die Fa. Zakspeed, zum Beispiel, bietet für die 1,0-Liter-Motoren einen Weber-Vergaser-Kit und eine komplette Auspuffanlage an, wovon zusammen eine Leistungssteigerung von ca. 6 PS zu erwarten ist. Für den Vergaser-Kit ist keine TÜV-Abnahme erforderlich, für die Auspuffanlage ist eine Allgemeine Betriebserlaubnis vorhanden. In diesem Zusammenhang sei darauf hingewiesen, daß alle in diesem Buch besprochenen Umbauten oder Zubehörteile für den Straßenverkehr zugelassen sind, es sei denn, es wird ausdrücklich auf das Gegenteil hingewiesen.

Etwas mehr zusätzliche Leistung ist aus dem 1,1-Liter-Motor herauszuholen. Verschiedene Tuner, darunter Mohag und Gerstmann, bieten einen Tuning-Bausatz an, der 12 kW/17 PS Mehrleistung freimacht. Dieser Bausatz besteht aus 2 Weber-Doppelvergasern, einem Spezialansaugkrümmer, Luftfilter, Vierfachauspuffrohrkrümmer und einem Satz Hochleistungsbremsbeläge. Ausgerüstet mit diesem rund 2.300 DM teueren Bausatz leistet der 1100er 70 PS. Wem das nicht reicht, kann sich noch eine Spezialauspuffanlage einbauen, die etwa 3 PS zusätzlich bringt und rund 500 DM kostet. Für die TÜV-Abnahme des vorgenannten Tuningsatzes müssen noch einige Änderungen an der Vorder-achse vorgenommen werden. Entweder muß ein Bausatz zur verbesserten Führung der Vorderachse eingebaut werden, der 205 DM kostet, oder das Fahrzeug muß hinten und vorne um ca. 40 mm tiefergelegt werden, was mit rund 260 DM zu realisieren ist. Bei beiden Lösungen sind dann noch einstellbare Zugstreben an der Vorderachse vorgeschrieben, die rund 170 DM kosten.

Die Fa. Ford-Richter in Kassel hat eine Nokkenwelle im Programm, die in Verbindung mit dem vorgenannten Tuningsatz über die 70 PS hinaus ein Leistungsplus von 13 PS bringt, mit bearbeitetem Zylinderkopf können es auch 20 PS mehr werden. Eine noch schärfere Nockenwelle produziert in Verbindung mit einer noch weitergehenden Zylinderkopfbearbeitung bis 35 Mehr-PS.

Mit insgesamt 105 PS wäre das eine Literleistung von fast 100 PS für den 1100er-Motor. Das Unangenehme an der Sache ist, daß die Nokkenwellen nicht vom TÜV abgenommen werden. Mit dem Einbau erlischt die Betriebserlaubnis des

Eichberg bietet einen Einspritz-Bausatz für den Fiesta XR2 Bj. 1983–89 an. Zusammen mit einigen anderen Modifikationen leistet der Motor dann 115 PS.

Fahrzeugs!

Auch für den 1300er-Motor wird ein Tuning-Bausatz angeboten. Er enthält einen Weber-Registervergaser, Auspuffkrümmer, Vorschalldämpfer, Ölkühler, Spezialbremsbeläge, sowie diverse Anbauteile. Diese Tuningstufe steigert die serienmäßigen 49 kW/66 PS um ca. 6,6 kW/9 PS auf 75 PS. Für die TÜV-Abnahme müssen hier dieselben Fahrwerksmodifikationen vorgenommen werden wie beim Tuningsatz für den 1000er-Motor. Die Fa. Mohag bietet diesen Bausatz für 1.160 Mark an, worin der Fahrwerks-Kit nicht enthalten ist. Passend zu dieser Tuningstufe gibt es einen Sportnachschalldämpfer mit doppeltem Endrohr für 345 Mark, der allerdings mehr einen schönen "Sound" produziert, als einen spürbaren Leistungszuwachs. Für 498 Mark ist eine komplette Anlage zu haben, ohne Krümmer allerdings, die etwas 2-3 PS bringt. Um thermischen Problemen aus dem Weg zu gehen, sollte mit dieser Tuningstufe eine Spezial-Zylinderkopfdichtung eingebaut werden. Sinnvoll ist auch die Verwendung verstärkten Ventilfedern, um den möglichen Drehzahlbereich zu erhöhen und Ventilflattern zu vermeiden. Die relativ geringe Leistungssteigerung von 9 PS würde die Höchstgeschwindigkeit nicht gerade aufregend erhöhen, vielleicht um 5-6 km/h. Deutlich zunehmen wird dagegen das Beschleunigungsvermögen im unteren Geschwindigkeitsbereich.

Selbstverständlich gibt es für den 1,3-Liter-Motor auch "verbotene" Tuningteile. Obgleich einige hier vorgestellt werden, dürfen sie auf keinen Fall im Straßenverkehr verwendet werden.

Die Fa. Richter in Kassel bietet verschiedene Zylinderköpfe mit unterschiedlichen Bearbeitungsstufen, Nockenwellen in jeder Schärfe und Spezialkolben. Mit solchen Spezialitäten sind zum Teil erhebliche Leistungssteigerungen zu erreichen. Allerdings ist klar, daß solche Präzisionsteile auch eine Menge Geld kosten. Abgesehen davon, daß diese scharfen Sachen ohnehin nicht vom TÜV abgenommen werden, sollte auch bedacht werden, daß sich extreme Leistungssteigerungen negativ auf die Alltagstauglichkeit und die Lebensdauer des Motors auswirken.

Für alle Fiesta mit Kent-Motoren bietet die Fa. Eichberg-Motorsport eine kontaktlose Bosch-Zündanlage an. Sie kostet gut 400 Mark und ist nur zusammen mit einem Bosch Zündverteiler verwendbar.

1981 brachte Ford den Fiesta XR2 heraus, der bis 1983 mit dem 1,6-Liter-63 kW/84 PS-Motor ausgerüstet wurde. Für dieses Modell gibt es praktisch keine Tuning-Teile, die für den Straßenverkehr zugelassen sind. Der XR2 mit dem 84 PS-Motor wurde nur etwa 1 1/2 Jahre in einer relativ kleinen Stückzahl produziert und die Kosten für

Dieser Weber-Doppelvergaser-Bausatz wird u. a. von Gerstmann angeboten, für den XR2 1983–89.

das TÜV-Zulassungsverfahren würden in keinem Verhältnis zu der zu erwartenden Nachfrage stehen.

Eine legale Leistungssteigerung für diesen Motor kann mit einer geänderten Auspuffanlage erreicht werden, die zum Beispiel auch von Gerstmann angeboten wird. Zum einen gibt es einen Auspuffkrümmer, der etwa 4 PS bringt, zum anderen sind ein Vor- und Nachschalldämpfer zu haben, die nochmals zusätzlichen 4 PS und einen guten Sound versprechen. Beide Bausätze sind einzeln lieferbar und TÜV-zugelassen.

Darüber hinaus gibt es noch weitere Tuningmöglichkeiten für diesen XR2-Typ, allerdings ohne TÜV-Freigabe. Eichberg-Motorsport bietet eine Weber-Doppelvergaseranlage an, die einschließlich Ansaugkrümmer und Luftfiltersystem 14 PS Mehrleistung produziert. Gut 2.300 Mark müssen dafür hinterlegt werden. Dazu passend empfiehlt sich ein Hochleistungszylinderkopf mit erleichterten und polierten Serienventilen, bearbeiteten Ein- und Auslaßkanälen und Spezial-Ventilfedern. 5 zusätzliche PS verspricht Eichberg für einen Preis von rund 1.200 Mark. Wenn der Motor einmal soweit zerlegt ist, sollte man sich auch noch eine 285 Grad Nockenwelle gönnen, die nochmals 8 PS aus dem 84 PS-Serienaggregat herausholt. Der Auspuffhersteller Tezet hat einen Auspuffächerkrümmer im Programm, der allein schon 10 Mehr-PS bringen soll, allerdings auch ohne TÜV. Rechnet man alle Maßnahmen zusammen, so können unter dem Strich gut 120 PS stehen,

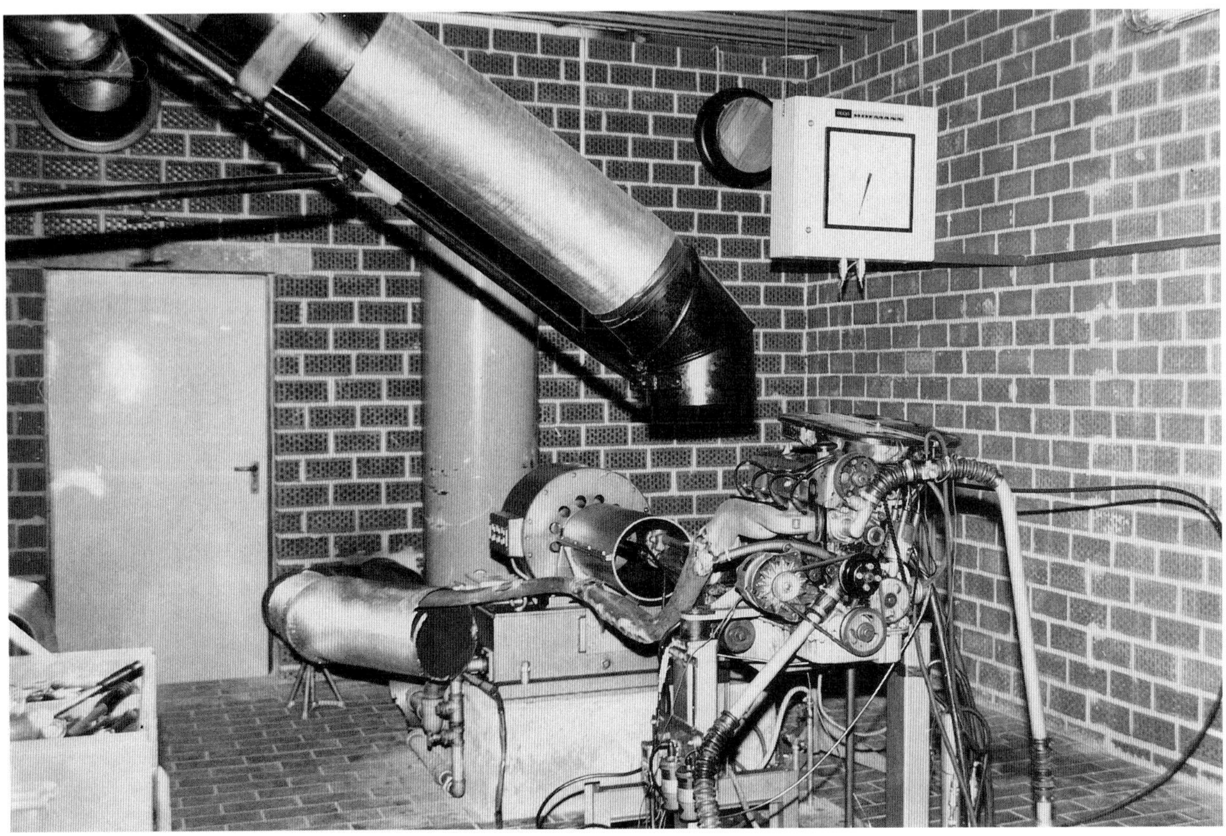

Ein moderner Motorenprüfstand ist heute für einen Tuning-Betrieb unerläßlich. Wie hier bei Eichberg.

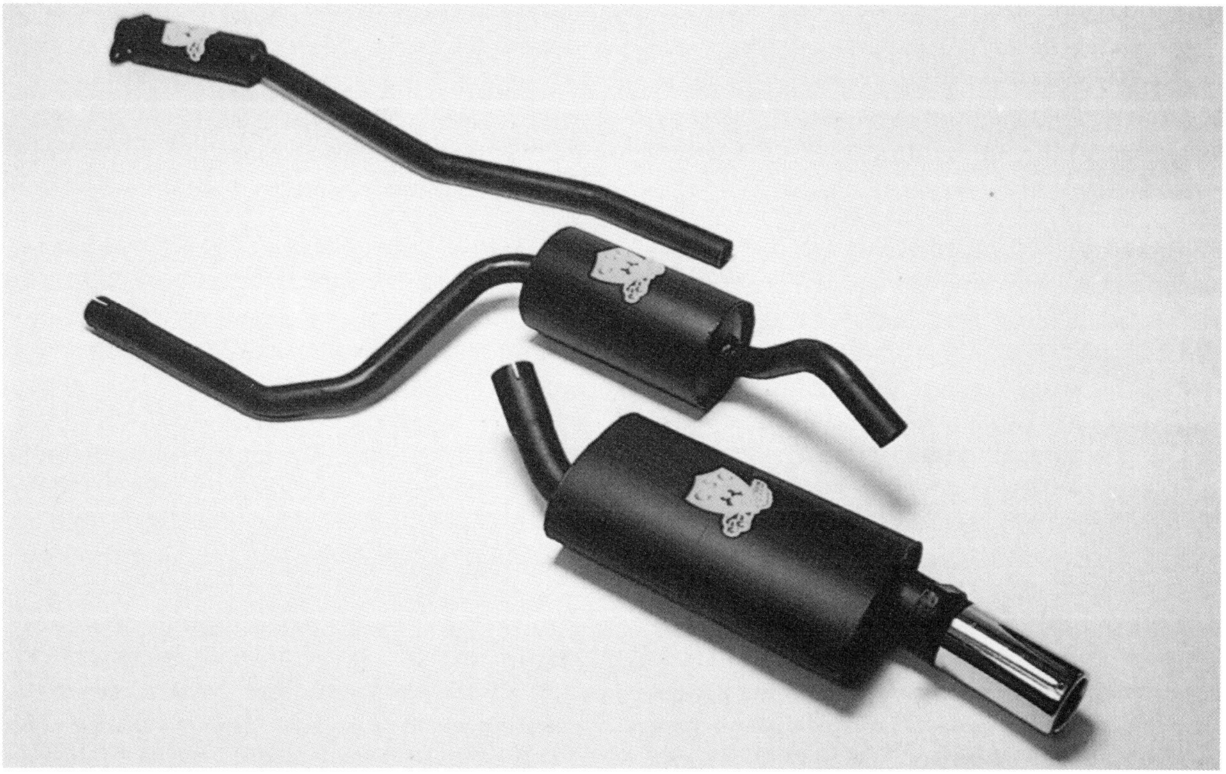

Mit einer guten Hochleistungsauspuffanlage lassen sich manchmal einige PS zusätzlich locker machen.

einsatzbereit für motorsportliche Zwecke allerdings, wie gesagt, nicht für den Betrieb auf öffentlichen Straßen.

1983 stellte Ford die modernisierte Fiesta-Modellreihe vor, die bis 1989 produziert wurde. In diesem Zeitraum wurden die Fiestas mit folgenden Motoren ausgeliefert: 1,0-Liter 33 kW/45 PS, 1,1-Liter 37 kW/50 PS, 1,3-Liter 51 kW/69 PS, 1,4-Liter 54 kW/73 PS, 1,4-Liter 52 kW/71 PS mit Einspritzung, 1,6-Liter 71 kW/96 PS, 1,6-Liter 40 kW/54 PS Diesel.

Nennenswertes Tuning-Zubehör mit TÜV-Abnahme wird für den XR2 mit dem 96 PS-Motor und für den 1,6-Liter-Diesel (!) angeboten. Für die anderen Motoren sind geringe, legale Leistungssteigerungen nur durch die Verwendung von Auspuffanlagen möglich, für den 1,3-Liter-Motor werden darüber hinaus noch Nockenwellen, Hochleistungs-Zylinderköpfe, usw. angeboten, jedoch ohne TÜV-Freigabe!

Aus diesem Grund wollen wir uns hier auch nur mit den beiden erstgenannten Motoren beschäftigen. Für den XR2-96 PS-Motor wird von Tunern wie Richter oder Gerstmann eine Doppelvergaseranlage mit den schon fast legendären Weber 40 DCOE-Allround-Vergasern angeboten. Der Bausatz enthält außerdem einen Ansaugkrümmer, einen Luftsammelkasten, einen Luftfilter und eine elektrische Benzinpumpe. Die Mehrleistung wird mit rund 16 PS angegeben. Der Preis für diese Anlage bewegt sich um 2.500 Mark.

Eine sehr interessante, aber auch teuere Möglichkeit der Leitungssteigerung, stellt die Hubraumerhöhung auf 1,9 Liter dar. Richter bietet im Tausch den entsprechenden Motorblock an, mit Kolben, Kurbelwelle, neuer Ölpumpe und Lagerschalen, alle Teile sind ausgewogen und -gewuchtet, die Ölwanne ist montiert.

Ein weitgehend unbeschriebenes Blatt im Zusammenhang mit Motor-Tuning ist der Fiesta ab 1989. Bis auf einige Auspuffteile und die bereits beschriebene Abgas-Turboanlage für den 1,8-Liter-Diesel wird kein Tuning-Zubehör angeboten. Alle Fiestas sind heute mit Einspritzmotoren ausgerüstet. Diese Motoren sind mit dem elektronischen Motorsteuerungssystem EEC (Electronic Engine Control) ausgestattet. Sensoren an allen wesentlichen Elementen des Motors liefern ständig Informationen über die wichtigsten Betriebszustände, wie Drehzahl, Lastzustand und Motortemperatur. Alle Informationen wie Zündzeitpunkt, Leerlauf und Höchstdrehzahl, Motortemperatur, Einspritzzeitpunkt und -menge werden vom EEC-System verarbeitet, ständig kontrolliert und gesteuert. Dieses komplizierte System ist immer auf die spezielle Charakteristik eines Motors abgestimmt. Werden Veränderungen am Motor vorgenommen, zum Beispiel durch Tuning, so passen Motor und EEC-System nicht mehr zusammen. Das EEC-System müßte daher auf die speziellen Eigenschaften eines getunten Motors abgestimmt werden. Weil das kompliziert und teuer ist, hat es bisher noch kein Tuner gewagt.

Mit Serienzylinderkopf und -nockenwelle leistet dann der Motor bei einer Verdichtung von 9,8:1 84 kW/114 PS bei 5400/min. Bei allen Fiestas ab Baudatum August 1986 muß zusätzlich noch ein anderer Zylinderkopf eingebaut werden.

Die Leistungssteigerung durch Hubraumerhöhung ist eine feine Sache. Einerseits wird das Material nicht wie beim üblichen Tuning belastet, andererseits bringt das Plus an Hubraum nicht nur den Leistungszuwachs, sondern auch eine gehörige Portion mehr Drehmoment, besonders im unteren Drehzahlbereich. Für diesen Spaß muß man allerdings rund 4.500 Mark auf den Tisch des Tuners legen. Wer die Sache noch weiter perfektionieren will, sollte gleich noch eine Sportauspuffanlage anschaffen, die nochmals etwa 4 PS Leistung bringt. Mit rund 800 Mark ist man dabei. Die Leistung dieses 1,9-Liter-Motors kann durch Verwendung spezieller Nockenwellen und bearbeiteter Nockenwellen bis auf 136 PS gesteigert werden. Für diese Manipulationen gibt es allerdings keine TÜV-Freigabe.

Eine nicht minder elegante und effiziente Möglichkeit der Leistungssteigerung für den XR2 ist die Umrüstung auf eine Benzineinspritzanlage wie sie u. a. von Eichberg-Motorsport angeboten wird. Statt der serienmäßigen 96 PS entwickelt der XR2-Motor mit der Einspritzung 115 PS. Der Vorteil dieser Art von Leistungssteigerung ist, daß keine Eingriffe in die beweglichen Teile des Motors, wie Ventile, Nockenwelle, Kolben und Kurbelwelle vorgenommen werden müssen. Weiterhin ergibt sich relativ zu Mehrleistung ein niedriger Kraftstoffverbrauch und ein günstigerer Drehmomentverlauf. Bei der Einspritzanlage handelt es sich um eine Bosch-K-Jetronic-Anlage mit Schubabschaltung. Der XR2 erreicht nach dieser Leistungskur beachtliche Fahrleistungen. So beträgt die Höchstgeschwindigkeit 195 km/h, und die Beschleunigung von 0-100 km/h bleibt unter 9 Sekunden. Eichberg verlangt rund 5.300 Mark für den Umrüstsatz. In diesem Preis ist eine komplette Sportauspuffanlage eingeschlossen.

Obwohl Diesel-Automobile unter Sportfahrern nicht gerade beliebt sind, sollen die "Diesel-Freaks" nicht ganz vergessen werden. Sowohl für den 1,6-Liter- als auch für den neueren 1,8-Liter-Dieselmotor wird von verschiedenen Tunern eine Abgasturboanlage angeboten, die Leistungssteigerungen von über 30 % ermöglicht. Aus den 54 PS des 1,6-Liter-Motors macht der Lader stolze 71 PS, beim 1,8-Liter-Diesel wächst die Leistung von 60 auf 79 PS. Glaubt man Fachberichten, so bleibt bei den umgerüsteten Fahrzeugen nichts mehr vom dieseltypischen Fahrverhalten übrig. Die Wagen sind spritzig wie Benziner und obendrein noch äußerst sparsam, dazu verringert sich nach der Umrüstung auf Turbo-Power der Rußanteil im Abgas um 20 %. Die Turbobausätze kosten bei Gerstmann 4.550 Mark für den 1,6- und 4.986 Mark für den 1,8-Liter-Motor. Die Montage ist nicht sehr kompliziert und kann vom geschickten Laien selbst vorgenommen werden.

Für alle Fiestas, von Produktionsbeginn bis zu den heutigen Modellen, gibt es zahlreiche Möglichkeiten, mit Hilfe von Stoßdämpfern, Federn oder kompletten Bausätzen, die beide Elemente enthalten, das Fahrwerk sportlicher zu trimmen. Bei den Stoßdämpfern handelt es sich meistens um Produkte der Hersteller Koni, Bilstein oder Fichtel & Sachs. Diese Firmen bieten mittlerweile aber nicht nur Dämpfer, sondern auch komplette Sätze an, die zusätzlich noch Federn enthalten. Die Produkte dieser Hersteller sind bei fast allen Tunern und Zubehörlieferanten zu haben.

Getrennt nach Baujahr folgen einige Beispiele für Umrüstung mit Stoßdämpfern, Federn oder Fahrwerk-Kits für die verschiedenen Fiesta Modelle:

Fiesta bis Baujahr 7/1983:

Koni bietet Sportstoßdämpfer bzw. -federbeineinsätze für die Modelle aus oben genanntem Produktionszeitraum an. Diese Dämpfer sind werksseitig auf die einzelnen Modelle abgestimmt, jedoch kann die Dämpfungscharakteristik nach eigenem Ermessen in ausgebautem Zustand verstellt werden. Bei der Verwendung dieser Dämpfer wird die Karosserie nicht tiefergelegt. Die Federbein-Patronen kosten etwa 150; die hinteren Stoßdämpfer 140 Mark pro Stück. Weiterhin gibt es Fahrwerksfedern mit sportlicher Abstimmung, die eine Tieferlegung der Karosserie um 30-40 mm bewirken (XR2 20 mm), je nach Hersteller. Diese Federn können mit den Seriendämpfern verwendet werden, es ist aber sinnvoller, gleichzeitig Sportdämpfer einzubauen. Ein Satz Federn für vorn und hinten kostet knapp 300 Mark.

Fiesta ab 8/1983 bis 3/1989:

Für die Modelle aus diesem Zeitraum sind ebenfalls einstellbare Koni-Dämpfer sowie Sportfedern einzeln verfügbar. Jedoch werden auch komplette Fahrwerkskits angeboten, die sicherlich empfehlenswerter sind, weil Dämpfer und Federn aufeinander abgestimmt sind. Für alle Modelle (für Diesel nicht verfügbar) außer XR2 kostet der Kit von Koni zum Beispiel bei Mohag 1.115 Mark; die Tieferlegung beträgt 30 mm. Der XR2-Kit kostet knapp 50 Mark mehr und legt die Karosserie um 25 mm tiefer. Von Bilstein gibt es für den XR2 noch einen kompletten Kit in Rennausführung mit der Möglichkeit des einstellbaren Radsturzes vorn und einer Tieferlegung von ca. 35 mm. Jedoch ist das keine Sache für zarte Gemüter, die Federung wird knüppelhart. Preis bei Mohag: 1.200 Mark.

Fiesta ab 4/1989:

Auch für den neuesten Fiesta kann man, je nach Geschmack, unter verschiedenen Möglichkeiten wählen. Es gibt von verschiedenen Herstellern Sportdämpfern ohne Tieferlegung, Sportfedern mit Tieferlegung in verschiedenen Abstimmungen oder komplette Kits, die Dämpfer und Federn beinhalten. Ein Bilstein-Kit, der das Fahrzeug um 70 mm tieferlegt und aus Gasdruckdämpfern und vier Federn besteht, kostet bei Gerstmann 1.380 Mark. Die vorgenannten Möglichkeiten beziehen sich auf alle Fiesta-Modelle mit Benzinmotor außer XR2i. Allerdings bietet Wolf-Racing einen Fahrwerks-Kit an, der auch für dieses Modell geeignet ist. Er besteht aus vier Bilstein-Dämpfern und vier Eibach-Spezialfedern. Die Abstimmung dieses Bausatzes, der die Karosserie je nach Fiesta-Modell um bis zu 80 mm tieferlegt, hat die Firma Wolf selbst vorgenommen. Der Komplettpreis dieses Fahrwerks-Kits beträgt 1.395 Mark, natürlich ohne Montage.

Die Fahrwerksumrüstung der verschiedenen Fiesta-Modelle, unabhängig vom Baujahr, kann Einschränkungen bei der Felgen- bzw. Reifenbreite mit sich bringen. Bevor umgerüstet wird, sollte man sich beim Händler danach erkundigen. Auch

Fahrzeuge, die mit dem Ford-Anti-Blockiersystem für Fronttriebler (SCS) ausgerüstet sind, unterliegen einigen Beschränkungen. Im Zweifelsfall sollte man vorher die ABE oder das TÜV-Gutachten einsehen.

Für die meisten Fiestas bis Baujahr 3/1989 gibt es die Möglichkeit, mit TÜV-Zulassung die Spur mittels Distanzscheiben zu verbreitern. Allerdings gibt es hier strenge Auflagen hinsichtlich der Rad/Reifenkombinationen bzw. -größen. Ebenso können Karosserieveränderungen vorgeschrieben sein, um die Räder vorschriftsmäßig abzudecken. Die TÜV-Auflagen sind unbedingt einzuhalten. Zum Preis von ca. 150 Mark werden die Verbreiterungen zum Beispiel von der Fa. Mohag angeboten. Hauptsächlich wird die Verbreiterung des Fahrwerks jedoch durch breitere Räder und Reifen erreicht, deren Verwendung meistens nur in Verbindung mit Änderungen der Karosserie erlaubt sind. Deshalb werden Räder und Reifen zusammen mit dem Thema Karosserieänderungen behandelt.

FIESTA TUNING: OPTIK, AERODYNAMIK, RÄDER UND REIFEN

Wer seinen Fiesta auf breite Räder (Felgen) und Reifen umrüsten will, kommt in den meisten Fällen nicht daran vorbei, mehr oder weniger umfangreiche Änderungen an der Karosserie, teilweise auch am Fahrwerk, vorzunehmen. Allenfalls für einige der neueren Fiestas gibt es 5,5 Zoll breite Felgen, die mit nicht zu breiter Bereifung ganz ohne Karosserieveränderungen montiert werden dürfen. Das Angebot an Reifen/Felgenkombinationen ist so umfangreich, daß hier nur Beispiele angeführt werden. Logischerweise ist das Angebot für die Fiestas bis Baujahr August 1983 am kleinsten, erstens gibt es davon nicht mehr so viele und zweitens ist die Neigung, viel Geld in ein altes Automobil zu investieren, geringer. Für diese Modelle werden von verschiedenen Herstellern Leichtmetallfelgen folgender Dimensionen angeboten:

Felgengröße	max. Bereifung
6 x 13“	185/60 x 13
7 x 13“	205/60 x 13
7 x 15“	195/50 x 13

Für alle drei Felgen/Reifen-Kombinationen sind mehr oder weniger aufwendige Karosserie- und Fahrwerksmodifikationen vorgeschrieben. Für die 7“-Felgen muß ein Bausatz zur verbesserten Vorderachsführung eingebaut und das Fahrzeug 40 mm tiefergelegt werden. Vorgeschrieben ist weiterhin eine Tachometerangleichung sowie eine große Kotflügelverbreiterung, die aus einem Frontspoiler, Kotflügelverbreiterungen vorn und hinten und Radhauseinsätzen vorn und hinten besteht. Die Kosten allein für diese Maßnahmen, also ohne Felgen und Reifen, betragen rund 1.300 Mark, ohne Montage.

Wer es ganz so breit nicht mag und sich mit 6“-Felgen und 185er Reifen zufrieden gibt, der kommt beim Fiesta bis Baujahr 1983 auch mit geringerem Aufwand insbesondere beim Karosserieumbau aus. Für diese Rad/Reifen-Kombination genügt ein Frontspoiler oder Spoilerecken für die vorderen Radausschnitte, ein Umbausatz für eine verbesserte Vorderachsführung und ein Lenkeinschlagbegrenzer. Werden stark spurverbreiternde Felgen verwendet, müssen eventuell noch die Kanten an den Radausschnitten umgebördelt werden. Mit 6“-Rädern sieht der kleine Fiesta schon recht erwachsen aus, wobei die Karosseriemodifikationen kaum ins Auge fallen.

Eine kleine Kotflügelverbreiterung bietet zum Beispiel die Fa. Mohag. Sie besteht aus einem Frontspoiler, sowie Kotflügelverbreiterungen vorn und hinten und kostet rund 530 Mark. Passend zu dieser Verbreiterung werden Seitenschweller angeboten, die 241 Mark kosten. In Verbindung mit diesem Bausatz können ebenfalls 6“-Felgen mit 185er Reifen gefahren werden, wobei Fahrwerksänderungen wie zuvor beschrieben vorgenommen werden müssen.

Das Angebot für die Fiestas, gebaut zwischen August 1983 und Februar 1989 beginnt bei

Eine interessante und optisch gelungene Alternative zu Leichtmetallfelgen stellt die Stahlfelge dar, die von der Fa. Noschka Auto-Design in 6460 Gelnhausen angeboten wird.

5,5 x 13"-Felgen, für die bei einer Reifengröße von 165/65-13 keine zusätzlichen Umrüstungen notwendig sind. Wer 6 x 15"-Felgen mit 185/50er-Reifen fahren will, muß die rechte Antriebswelle gegen eine mit 43 mm Durchmesser austauschen und einen Lenkeinschlagbegrenzer einbauen. Etwas aufwendiger ist da schon die Umrüstung auf Felgen der Dimension 7 x 15" mit 195/50-15 Reifen. Neben dem Einbau eines Lenkeinschlagbegrenzers müssen die Radausschnittkanten vorn abgetrennt, sowie die Seitenwände und Radhäuser hinten aufgeweitet werden. Diese Aktion geht ganz schön an die Karosseriesubstanz. Wer für ganze Sachen ist, für den hält Mohag einen Karosserieumbausatz bereit, der eine beeindruckende Bereifung ermöglicht. Vorn können 8 x 15"-Felgen mit zwei 225/50er Reifen gefahren werden und hinten sind es gar 9 x 15"-Felgen und 285/40er Reifen! Damit ist der Fiesta fast so breit wie lang.

Schon kurz nach seiner Markteinführung im März 1989 hielt die Tuningbranche für den neuen Fiesta ein ansehnliches Angebot an Umrüstmöglichkeiten bereit, das ständig erweitert wurde. Derzeit werden folgende Felgen-/Reifenkombinationen angeboten:

Felgengröße	mögliche Bereifung
6 x 13"	165/60-13
	185/60-13
	195/55-13
7 x 13"	175/50-13
	185/60-13
	195/55-13
6 x 14"	185/50-14
	185/55-14
7 x 15"	195/45-15
	195/50-15

Tiefergelegt und mit 7" x 13-Felgen vorn, sowie 7,5" x 13 hinten, wird aus dem kleinen Fiesta, zumindest optisch, ein richtiger Kraftprotz. Als Bereifung sind wahlweise 175/50- oder 195/55-Reifen möglich.

Möglich ist auch die Verwendung von 5,5 x 13"-Felgen, mit Bereifungen zwischen 155/70-13 und 195/55-13, bzw. 5,5 x 14" mit Reifen 185/50 und 185/55-14. Bis zur Felgenbreite von 6 Zoll genügt es, durch Frontspoiler, Seitenschürzen und Heckspoiler für eine ausreichende Radabdeckung zu sorgen. Aufwendiger wird es bei den 7"-Felgen mit 195er Bereifung. Hier müssen in allen Fällen über die vorgenannten Radabdeckungen hinaus die Radausschnittkanten herausgetrennt bzw. umgelegt und ein Lenkeinschlagbegrenzer eingebaut werden. Handelt es sich um weit außentragende Felgen, kann sogar die Aufweitung der vorderen Kotflügel und Nacharbeit an den hinteren Radhäusern und Seitenwänden erforderlich sein. Der Ford-Fan kann zwischen zahlreichen, in Design und Ausführung verschiedenen Leichtmetallfelgen sowie Karosserieumbausätzen wählen. Hier entscheiden Geschmack und Geldbeutel.

Interessant sind in diesem Zusammenhang sogenannte "Komplett-Angebote" einiger Tuner, die sowohl Fahrwerks- als auch Karosserieumbauteile umfassen. Gegenüber der Anschaffung von Einzelteilen bieten diese Komplett-Angebote preisliche Vorteile, wenn auch meistens nur geringe. Wolf-Racing, zum Beispiel, bietet einen Komplettbausatz an, der aus folgenden Teilen besteht:

Fahrwerk: vier Leichtmetall-Räder von BBS 7 x 15", vier Spezialfedern und vier Bilstein-Dämpfer (Tieferlegung je nach Fahrzeugtyp ca. 80 mm)

Karosserie: Frontspoiler-Stoßfänger, Türschwellersatz, Heckschürze, Dachheckspoiler.

Der Aerodynamiksatz besticht durch Paßgenauigkeit und Qualität. Ein damit umgerüsteter Fiesta bietet eine elegante und dezente Optik. Der Fahrwerksatz entspricht in seiner Charakteristik einer speziellen Wolf-Kennlinie, die in aufwendigen und langen Testfahrten entwickelt wurde.

Das Angebot an Fiesta-Tuningzubehör bietet für jeden Geschmack eine große Auswahl, zumindest was Aussehen und Fahrwerk angeht. Wem die Serienmodelle zu bieder sind, dem fällt es nicht schwer, sich einen Fiesta nach eigenen Vorstellungen herzurichten.

Dieser optisch aufgewertete Fiesta S von 1980 wurde werksseitig als Sondermodell "Super" geliefert.

Diese große Kotflügelverbreiterung, hier ein von der Fa. Mohag präpariertes Fahrzeug, ermöglicht die Montage von 7"-Rädern.

Ebenfalls von Mohag wird dieser große Umbausatz angeboten, für alle Fiesta von 8/1983 bis 3/1989. Beeindruckende Rad/Reifenkombinationen sind möglich: vorn 8" x 15 mit 225/50-15, hinten 9" x 15 mit 285/40-15.

Wer in seinem Fiesta "oben ohne" fahren möchte, kann sich an die Fa. Bieber Cabrio wenden.

Als "medium breit" könnte man diesen von Mohag vorbereiteten Fiesta XR2 bezeichnen.

Ganz in weiß mit blauem Dekor – ein Fiesta von der Fa. GFL.

Dieser von Eichberg modifizierte Fiesta rollt auf Rädern der Fa. Müller.

Weiß und schlicht – eine weitere Lösung aus dem Hause Mohag.

Ziemlich flott wirkt dieser Zender-Fiesta in Zweifarbenlackierung.

Auch ohne Verbreiterungen, aber mit breiteren Rädern und Reifen wirken die von Mohag (oben) und Zakspeed (unten) verbreiterten Fiesta recht erwachsen.

Unaufdringlich und harmonisch – zwei Umrüstmöglichkeiten aus dem Hause Selzer.

Ein flottes Cabrio, außen wie innen, auf Fiesta-Basis bietet Selzer in Zusammenarbeit mit der Fa. Aperto an.

Escort-Tuning

Seit nunmehr 24 Jahren produziert Ford den Escort. In diesem Zeitraum wurden weltweit mehr als 11 Millionen Exemplare gebaut. Der Escort ist damit eines der erfolgreichsten Automobile der Nachkriegszeit. 22 Jahre technische Entwicklung sind natürlich nicht spurlos an diesem Modell vorbeigegangen und der Escort von heute hat mit dem ersten Modell, außer dem Namen, nichts mehr gemeinsam.

Bei seiner Vorstellung 1968 zeigte sich der Escort sowohl in Technik als auch in Optik als ein biederer Vertreter einer Automobil-Klasse, die zwischen Kleinwagen und unterer Mittelklasse einzuordnen war. Während viele europäische Automobilhersteller in dieser Klasse bereits zum moderneren Konzept mit quergestelltem Motor und Frontantrieb übergegangen waren, blieb Ford beim jahrzehntealten Standardkonzept mit Frontmotor und angetriebener Hinterachse, die obendrein noch starr und wie vor dem Krieg an Blattfedern aufgehängt war.

Auch die Motoren waren, wenn auch zuverlässig in ihrer Konzeption recht antiquiert. Trotzdem wurde der Escort europa- und weltweit von Anfang an gut verkauft. In Deutschland hatte er es gegen sein Pendant von Opel, den Kadett, allerdings recht schwer.

Zu den positiven Eigenschaften des Escort gehörten damals die robuste Technik, die Zuverlässigkeit, die Service-Freundlichkeit und der günstige Anschaffungspreis. Von 1968 bis 1974 wurde der Escort mit unveränderter Karosserie gebaut, bis er ab 1975 ein neues Kleid bekam, das bis zur Ablösung durch den frontgetriebenen Escort im Jahr 1980 nicht mehr geändert wurde. Während des gesamten Zeitraums zwischen 1968 und 1979 blieb das Konstruktionskonzept mit Frontmotor und starrer, angetriebener Hinterachse mit Blattfedern unverändert. Auch bei den Motoren änderte sich grundsätzlich nichts, es kamen im Laufe der Zeit jedoch andere Hubraum- und Leistungsklassen dazu. Es handelte sich um Motoren aus der englischen Kent-Serie, robuste und einfache Triebwerke mit untenliegender Nockenwelle. Eine Ausnahme bildeten die Escort I und II "RS 2000"-Modelle, die mit einem Zweiliter-Motor mit obenliegender Nockenwelle ausgerüstet wurden. Ausnahmen bezüglich der Motorisierung bildeten auch einige englische Sondermodelle, wie der "Twin-Cam", "RS 1600", "RS Mexiko". Ansonsten reichte die Palette bei den Kent-Motoren zwischen 1968 und 1979 vom 1100er Motor mit 40 PS bis zum 1600er mit 84 PS.

Anfang 1980 stellte Ford dann die neue Escort-Generation vor, mit quergestelltem Frontmotor, Frontantrieb und einzeln aufgehängten Hinterrädern. Mit diesem Modellwechsel gab es auch neuentwickelte Motoren, die sogenannten "CVH"-Motoren mit obenliegender, über einen Zahnriemen angetriebener Nockenwelle. Diese Motoren werden heute noch, in ständig weiterentwickelter und verbesserter Ausführung, eingebaut. Zwischendurch wurden jedoch auch modifizierte Motoren auf Kent-Basis verwendet. 1968 kam noch ein 1600er Dieselmotor dazu, der später durch eine verbesserte Version mit 1800 cm³ abgelöst wurde. Die CVH-Motoren gab oder gibt es in vier verschiedenen Hubraumklassen mit 1100, 1300, 1400 und 1600 cm³, als Vergaser- oder Einspritzversionen. Das Leistungsspektrum reicht von 55 PS bis zu 97 kW/132 PS beim RS 1600 Turbo.

Seit Anfang 1992 gibt es auch wieder einen Escort RS 2000. Dieser Escort im Sporttrimm ist mit einem 2,0-Liter-Doppelnockenwellenmotor mit vier Ventilen pro Zylinder ausgerüstet, der satte 110 kW/150 PS bei 6000/min leistet. Das Gemisch wird durch eine elektronische Multi-Point-Einspritzung aufbereitet. So motorisiert spurtet der sportlich-luxuriös ausgestattete RS in 8,4 Sekunden von 0 auf 100 km/h und erreicht Spitze von 208 km/h.

Doch damit nicht genug: Ab Modelljahr 1992 steht noch ein weiterer Doppelnockenwellenmotor mit Vierventiltechnik zur Verfügung. Es handelt sich um ein völlig neu entwickeltes 1,8-Liter-Aggregat,

Um den von Ford ausgeschriebenen "Escort-Pokal" wurde mit weitgehend serienmäßigen Fahrzeugen kompromißlos gekämpft. Dieses Foto stammt aus dem Jahr 1970.

das in zwei Leistungsversionen zu haben ist, mit 96 kW/130 PS für die Modelle Escort XR3i, XR3i Cabrio und Orion Ghia Si, sowie mit 77 kW/105 PS für alle anderen Escort- und Orion-Modelle. Der absolute Knüller tauchte jedoch im Juni 1992 bei den Ford-Händlern auf: der Escort RS Cosworth. Mit diesem Renner schafft Ford sich eine Basis, um wieder erfolgreich im Rallyesport mitmischen zu können.

Der Reihen-Vierzylindermotor mit Abgasturbolader leistet 162 kW/220 PS und wurde vom Sierra Cosworth übernommen. Allradantrieb und eine kompromißlos sportliche optische und technische Charakteristik lassen den geplanten Motorsporteinsatz erahnen. Nachdem die ersten 2500 für die Sportzulassung in der Gruppe A notwendigen Exemplare gebaut worden sind, soll die Rallye-Version im Januar 1993 bei der "Monte" Premiere feiern.

Mit 6,6 Sekunden von 0 bis 100 km/h verfügt der Escort Cosworth über atemberaubende Beschleunigungsqualitäten, dagegen fällt die Höchstgeschwindigkeit mit 225 km/h relativ gering aus, wofür der überdimensionale Doppelheckflügel verantwortlich zu machen ist, der für enormen Abtrieb, aber auch für entsprechenden Widerstand sorgt. Nachdem die ersten 2500 Basisfahrzeuge vom Band gelaufen sind, wird ein zivilerer Heckspoiler serienmäßig geliefert.

Mit dem Escort Cosworth hat Ford wieder ein Auto für Motorsport-Fans im Programm und man darf jetzt schon auf die ersten getunten Versionen gespannt sein. Welche Möglichkeiten es da gibt, läßt sich mit Blick auf die Leistungssteigerungen beim Sierra Cosworth bereits erahnen...

Escort RS 2000 von 1972 (oben) und 1975 (unten). Jedes Fahrzeug hat seine eigenen Reize.

Ein serienmäßiger Escort Sport von 1975.

Im Rallye-Sport geht es nicht zimperlich zu, das macht dieses Foto deutlich. Dieser Escort RS 1800 befindet sich auf Siegesfahrt bei der Ireland Rallye 1978.

Mit serienmäßigen 132 PS ist der Escort RS 1600 Turbo ein recht flotter Hirsch. Das Röntgenbild unten ermöglicht einen Einblick in sein "Innenleben".

150 PS und nicht weniger leistet der 2,0-Liter-DOHC-16 V-Motor im Escort RS 2000 Jahrgang 1992. Dieser Sportler aus der Escort Familie besticht nicht nur durch ausgezeichnete Fahrleistungen und -eigenschaften, auch die Optik stimmt und die Innenausstattung läßt kaum Wünsche offen.

Mit dem Escort Cosworth hat Ford sich eine Basis geschaffen, um wieder im Rallye-Sport mitmischen zu können.

Das vom Sierra-Cosworth stammende Triebwerk leistet respektable 220 PS.

Die Rallye-Version ist schon unterwegs auf Testfahrten und wird ab 1993 eingesetzt.

Der vor einigen Jahren für den Rallye-Sport entwickelte Escort RS 1700 besaß alle Attribute um erfolgreich zu werden. Doch dann wurden die Homologations-Bestimmungen geändert und Ford mußte das Projekt wieder einstampfen. Mit etwas weniger aufwendiger Technik kann man sich diesen Renner gut als Serienmodell vorstellen.

Die Escort I und II Modelle spielen im Tuning-Geschehen heute kaum noch eine Rolle. Jedoch bieten einige Tuner auch heute noch Motortuning-Zubehör für die alten Kent-Motoren an, für das es aber überwiegend keine TÜV-Zulassung gibt. Anders ist das bei den Escort RS 2000 Modellen, die heute gefragte Liebhaberfahrzeuge sind. Während vom ersten RS 2000 mit dem "Hundeknochengrill" bedingt durch das Alter und die geringe Produktionsstückzahl, nur noch wenige Exemplare existieren, ist der "Plastiknase-RS" noch relativ häufig anzutreffen. Weil es sich bei den Besitzern fast durchweg um Escort-Enthusiasten handelt, für die ein RS 2000 mehr als nur ein Fortbewegungsmittel ist, verzeichnen die Ford-Tuner noch eine relativ große Nachfrage nach entsprechendem Tuning-Zubehör.

Obwohl ein Leistungsunterschied von 10 PS die beiden RS 2000-Modelle trennt, handelt es sich praktisch um den selben Motor. Es ist der 2,0-Liter-OHC-Motor mit obenliegender Nockenwelle, der 100 bzw. 110 PS leistet. Die Firma Eichberg, zum Beispiel, bietet einen Motortuningsatz an, der schon früher im Ford-RS-Teile-Programm zu haben war. Er besteht aus zwei Weber-Doppelvergasern, einer Spezialnockenwelle mit Schlepphebeln, einem Zylinderkopf mit größeren Ein- und Auslaßventilen und einem Spezial-Zündverteiler. Mit diesem Bausatz präpariert, leistet der RS 2000-Motor dann 132 PS bei einem Verdichtungsverhältnis von 9,7:1. Dabei beeindruckt der Motor durch ein enormes Drehmoment, auch schon bei niedrigen Drehzahlen. Die Montage ist relativ einfach und kann von einer durchschnittlichen Werkstatt vorgenommen werden. Empfehlenswert ist die gleichzeitige Verwendung einer Sportauspuffanlage, die zusätzlich 3-4 PS bringt.

Diese Tuningstufe ist allerdings nur für den Escort RS 2000 ab Baujahr 1975 TÜV-zugelassen, obwohl sie auch ohne weiteres beim Vorgänger paßt. Die Fahrleistungen sind beeindruckend, die Beschleunigungswerte von knapp unter acht Sekunden von 0-100 km/h ebenso wie die Höchstgeschwindigkeit von ca. 190 km/h, die nur deshalb nicht überschritten wird, weil der Drehzahlbegrenzer im Verteiler Einhalt gebietet.

Sehr viel umfangreicher ist selbstverständlich das Angebot an Motortuning-Zubehör für die Escort III bzw. Orion-Modelle mit CVH-Motoren. Nachstehend ein auszugsweiser Überblick über die vielfältigen Möglichkeiten:

Escort/Orion 1.3-Liter/69 PS 1980-1985:

Bausatz Weber 40 DCOE Doppelvergaser-Anlage bestehend aus den Vergasern, Ansaugkrümmer, Luftsammelkasten, elektrische Benzinpumpe und Luftfilter. Die Mehrleistung beträgt ca. 21 PS. Gerstmann bietet diesen Bausatz für zirka 2.500 Mark an.

Escort 1.6-Liter/79 PS bis 2/1986:

Bausatz bestehend aus 1 Weber-Vergaser, Luftfilter, Ansaugkrümmer. Der Preis bei Mohag: 985 Mark. Zusätzlich ist die Montage von HR-Reifen sowie eines Bausatzes für verbesserte Vorderachsführung erforderlich. Es wird eine Mehrleistung von rund 10 PS erreicht.

Escort/Orion 1600 cm³ bis 2/1986:

Bausatz bestehen aus 2 Weber-Doppelvergasern 40 DCOE, Ansaugkrümmer, Luftfilter, elektrische Benzinpumpe, Spezialnockenwelle. Mehrleistung zirka 33 PS. Mohag Preis etwa 2.680 Mark. Montage von HR-Reifen ist erforderlich.

Escort XR3 bis 8/1986:

Vergaserbausatz wie vor, jedoch ohne Nokkenwelle, Mehrleistung ungefähr 16 PS. Preis bei Richter 2.337 Mark.

Escort XR3i ohne Katalysator:

Tuning-Bausatz bestehend aus Spezial-Zylinderkopf im Tausch, mit Ventilen, Federn und hydraulischen Stößeln, Spezial-Nockenwelle und Auspuffhosenrohr. Mehrleistung 23 PS, Mohag-Preis zirka 3.100 Mark.

Escort XR3i mit Katalysator

Tuning-Bausatz bestehend aus Spezial-Zylinderkopf im Tausch, Stößel, Federn und Spezial-Nockenwelle. Mehrleistung etwa 23 PS. Gerstmann-Preis rund 1.750 Mark.

Eine elegante Lösung ist die Leistungserhöhung durch Vergrößerung des Hubraums. Dadurch steht das maximale Drehmoment schon bei niedrigen Drehzahlen zur Verfügung, und das Material wird nicht so belastet, wie bei einer Leistungssteigerung ohne Hubraumerhöhung. Die Firma Richter in Kassel und andere Tuner bieten diese Möglichkeit für den Escort XR3i ohne Katalysator an. Dieser Tuningsatz besteht aus einem Motorblock, der im Tausch geliefert wird, Bohrung 82 mm, komplett mit Kolben, Kurbelwelle mit 88 mm Hub, neue Ölpumpe und Lagerschalen. Alle Teile sind ausgewuchtet und die Ölwanne ist montiert. Die Verdichtung beträgt 9,8:1. Mit dem Serienzylinderkopf und der Seriennockenwelle wird eine Leistung von 130 PS bei 6000/min erreicht, das höchste Drehmoment von 178 NM liegt bereits bei 3500/min. Richter berechnet für diesen Motorblock 4.500 Mark. Empfohlen wird darüber hinaus die Verwendung einer Sportauspuffanlage mit Spezialhosenrohr. Durch weitere Feinarbeiten an der Auspuffanlage und am Zylinderkopf (und unter Verwendung einer schärferen Nockenwelle), können Leistungen bis 160 PS realisiert werden. Im Gegensatz zur 130 PS-Tuningstufe besteht dafür aber keine TÜV-Freigabe.Für die vorgenannten Tuning-Beispiele bestehen TÜV-Gutachten. Darüber hinaus gibt es natürlich weitere, zahlreiche Möglichkeiten der Leistungssteigerung, jedoch ohne TÜV-Segen.

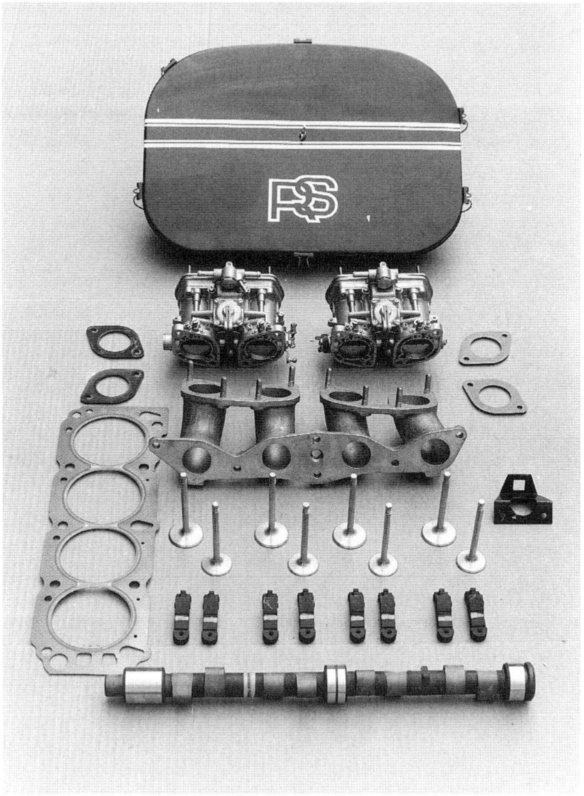

Dieser Motortuning-Satz verhilft dem OHC-Motor des Escort RS 2000 Serie II zu einiger Leistungssteigerung auf 132 PS.

Für Escort, die mit dem neuen EEC-System (Electronic Engine Control) ausgerüstet sind, wird praktisch kein nennenswertes Motortuning-Zubehör angeboten, weil diese Motorsteuerungssysteme ausschließlich auf die Charakteristik der Serienmotoren abgestimmt sind. Eine Veränderung des Serienmotors würde die Funktion dieser Systeme beeinträchtigen bzw. unmöglich machen.

Eine Ausnahme stellt allerdings die von Eichberg neuentwickelte Abgasturboanlage für den Escort XR3i mit Katalysator dar. Bei dem Turbolader handelt es sich um eine Garrett TO3-Turbine mit integriertem Ladedruckregelventil, Wasserkühlung und Ladeluftkühler. Speziell für den Turbo-Betrieb entwickelte Eichberg ein Auspuffsystem, das mit einem Dreiwegekatalysator ausgerüstet ist, der gegenüber dem Serien-Kat einen um zirka 70 % verringerten Abgasdruck aufbaut. Dazu wird die Motorsteuerungs-Elektronik den veränderten Arbeits- und Leistungsverhältnissen des Motors angepaßt. Zur weiteren Ausstattung des Bausatzes gehört ein leistungsfähigeres Schmiersystem, an das der Turbolader angeschlossen ist und ein Ölkühler mit Thermostat. Der Turbolader verhilft dem XR3i-Motor zu einer Höchstleistung von 97 kW/132 PS bei 6000 U/min, wobei der Lader einen Druck von lediglich 0,35 bar aufbaut. Sein höchstes Drehmoment von 180 Nm entwickelt der Motor bereits bei 2750 U/min. Entsprechend der Leistungssteigerung sehen die Fahrleistungen aus. Eichberg gibt eine Beschleunigung von 0-100 km/h in 8,6 Sekunden an, die Spitzengeschwindigkeit liegt bei 208 km/h. Die 42 PS-Leistungsspritze hat allerdings auch ihren Preis – rund 6.200 Mark kostet der Bausatz, ohne Montage und TÜV-Abnahme.

Auch Escort-Diesel Fahrer haben die Möglichkeit, die Leistung ihres Selbstzünders um über 30 % zu erhöhen. Sowohl für den 1,6- als auch den 1,8-Liter-Dieselmotor werden Abgas-Turboanlagen angeboten. Neben einer Leistungssteigerung auf 71 bzw. 79 PS ergibt sich durch den Einbau des Laders ein verringerter Schadstoff-Ausstoß. Die Fahrleistungen können sich sehen lassen. Von der dieseltypischen Trägheit bleibt nichts mehr übrig. Die Turbo-Anlagen können auch beim Orion-Diesel verwendet werden und kosten bei Gerstmann 4.550 Mark für den 1,6-, bzw. 4.860 für den 1,8-Liter-Motor. Auch andere Tuner bieten diese Anlage an.

Zur Zeit der Drucklegung dieses Buches wurden weder für den Escort RS 2000, noch für den neuen 1,8-Liter-DOHC-16-Ventil-Motor Tuningteile angeboten. Dagegen wird für den Escort Cosworth in Kürze Material zur Verfügung stehen, weil dieses Modell mit dem Sierra Cosworth-Motor ausgerüstet ist, um den die Ford-Tuner sich in letzter Zeit besonders intensiv gekümmert haben.

Gerstmann bietet diesen überarbeiteten Zylinderkopf mit größeren Ventilen für den 2 l-OHC.Motor an.

Von Eichberg kommt dieser Spezialkopf für Escort XR3 und XR3i.

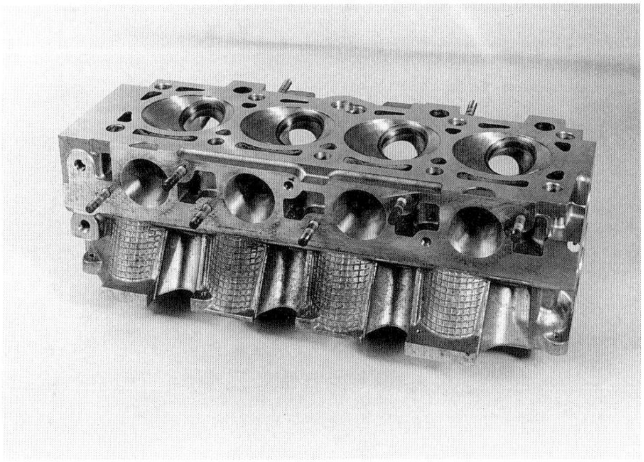

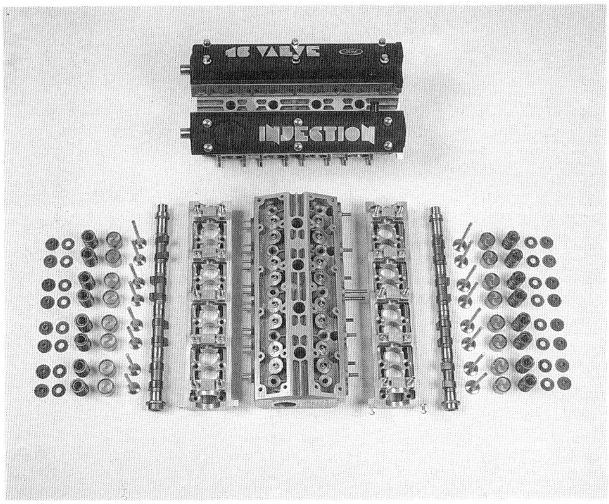

Dieser von Schrick entwickelte DOHC-16 V-Kopf für den Escort CVH-Motor ging nicht in Serie.

Eichberg rüstet den XR3i mit Turbolader und Katalysator aus.

Wird von verschiedenen Tunern angeboten: Weber-Doppel-Fallstromvergaser für Escort XR3 1981–83.

Dieser Tuningsatz ist für Escort/Orion mit 1,6 l/79 PS CVR-Motoren geeignet und bring ca. 9 PS. Er wird u. a. von Gerstmann angeboten.

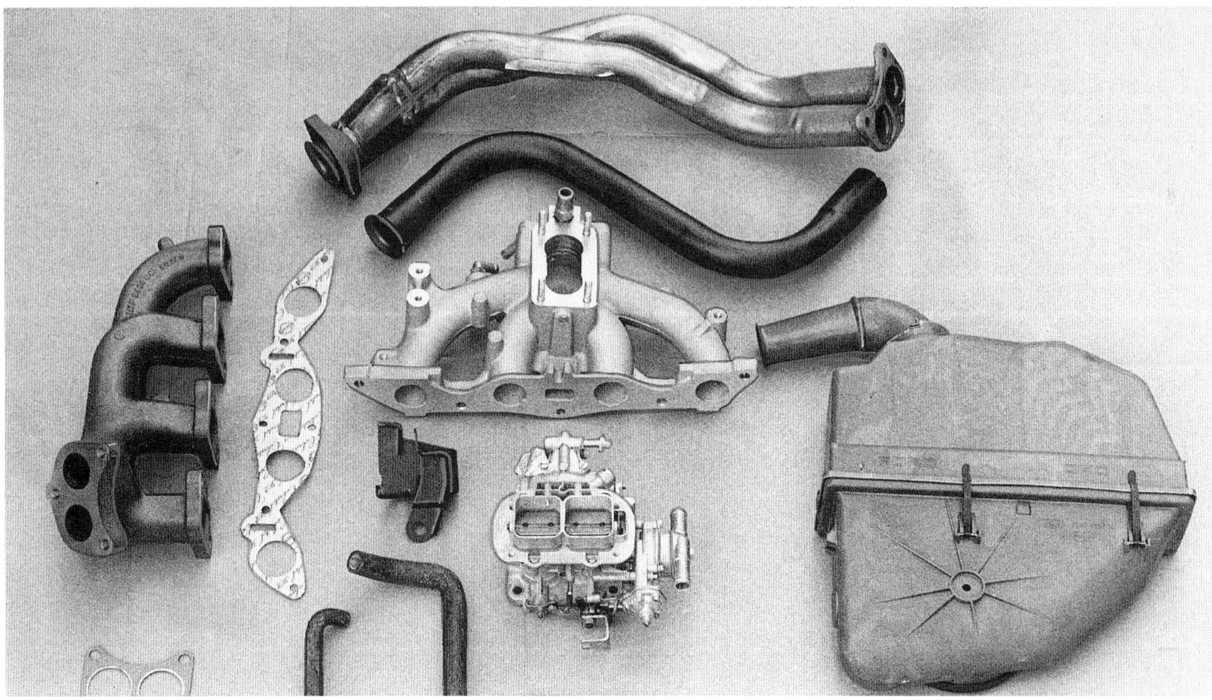

Dieser Spezialkopf bringt in Verbindung mit dem abgebildeten Auspuffhosenrohr für den Escort XR3i bis Bj. 1989 immerhin 23 PS Mehrleistung. Der Umbau wird vom TÜV abgenommen.

Während der Handel für den Escort I praktisch kein Fahrwerkstuning-Zubehör mehr anbietet, ist für den Escort II, gebaut zwischen 1975 und 1980, noch einiges zu haben. So bietet zum Beispiel Eichberg Sport-Stoßdämpfer von Koni an, vorn sind es Einsätze für die Federbeine, für die Hinterachse normale Stoßdämpfer. Dazu gibt es einen Bausatz zur Tieferlegung, 35 mm sind beim Escort II Sport möglich und 45 mm bei den übrigen Modellen. Erreicht wird die Tieferlegung an der Vorderachse durch kürzere und straffere Schrauben-Federn und flache Einblattfedern an der Hinterachse.

Das Fahrwerk des Escort II RS 2000 kann nach demselben Schema modifiziert werden, allerdings sind die Bauteile anders abgestimmt. Es wird eine Tieferlegung der Karosserie um 35 mm erreicht. Wesentlich umfangreicher ist natürlich das Angebot für die frontgetriebenen Escort. Die Palette reicht vom Einbau einstellbarere Sportdämpfer ohne Tieferlegung bis zu kompletten Fahrwerkssätzen mit Tieferlegung und per Handrad einstellbaren Stoßdämpfern. Die Auswahl ist so groß, daß nur eine Auswahl der Möglichkeiten angesprochen wird. Es werden überwiegend Produkte der Hersteller Koni, Bilstein und Monroe angeboten.

Baut man nur Sportstoßdämpfer ein, ohne gleichzeitig die Federn zu wechseln und die Karosserie tieferzulegen, so bringt das sicher schon ein gewisses Plus an Straßenlage, weil bei plötzlichem Richtungswechsel mehr Stabilität gegeben ist und Nickbewegungen um die Fahrzeugquerachse unterdrückt werden. Dennoch ist das nur eine halbe Sache. Besser, wenn auch nicht konsequent, ist die Verwendung von härteren Sportfedern, die gleichzeitig eine Absenkung der Karosserie und damit des Fahrzeugschwerpunktes mit sich bringen. Optimal ist die Komplettlösung, also Sportdämpfer in Verbindung mit Sportfedern. Nachfolgend eine Auswahl der Möglichkeiten getrennt nach Baudatum bis 2/1986 und danach:

Tieferlegung und Straffung des Fahrwerks durch Sportfedern mit mittelharter Abstimmung. Bei den Basis-Modellen wird eine Tieferlegung um 35 mm erreicht, bei den Modellen XR3, RSi und Turbo sind es 20 mm und beim XR3i 10 mm.

Die Federn passen auch bei den Ford Orion-Modellen. Diese Art der Fahrwerksmodifikation stellt eine preiswerte Lösung dar. Ein Satz Federn kostet, zum Beispiel, bei Mohag 2700 Mark.Wer es ganz hart liebt, der sollt einen Satz Sportfedern von Zakspeed wählen, der sowohl für den Escort als auch Orion verfügbar ist. Bei allen Modellen wird die Karosserie um 30 mm tiefergelegt, außer bei XR3i und Orioni, bei denen 20 mm möglich sind. Nun zu den Komplett-Kits. Hier muß nach Baudatum bis 5/1983 und danach unterschieden werden. Hier gibt es zum Beispiel einen Koni-Kit, verwendbar für alle Escort bis auf XR3i und RSi. Dämpfer und Federn sind optimal aufeinander abgestimmt. Die Dämpfer sind im ausgebauten Zustand einstellbar. Dieser Kit kostet um 1.500 Mark. Auch für Fahrzeuge ab 5/1983 ist ein solcher Bausatz erhältlich.

Seit einiger Zeit baut Ford sein "RS-Teile"-Programm wieder aus. Besitzer von Escort mit Baudatum ab 5/1983 finden hier einen Komplettsatz, bestehend aus Stoßdämpfern, die in eingebautem Zustand bequem per Handrad einstellbar sind, von komfortabel bis sportlich hart.

Die Federn sind mittelhart abgestimmt und legen, je nach Modell, den Wagen um 30 bis 40 mm tiefer. Der Preis für diesen Komplettsatz liegt bei etwa 1.400 Mark.

Bilstein hat einen Fahrwerk-Kit im Programm, der besonders hart abgestimmt ist und eine Tieferlegung um 30 mm ermöglicht. Speziell für die Modelle XR3i und RS Turbo ist ein Komplett-Kit von Monroe geeignet. Er kostet etwa 1.300 Mark.

Durch Spurverbreiterungen am Fahrwerk, vor allem in Verbindung mit Breitreifen, treten, bedingt durch den größeren Hebelarm und die bessere Reifenhaftung, an den Radaufhängungen wesent-

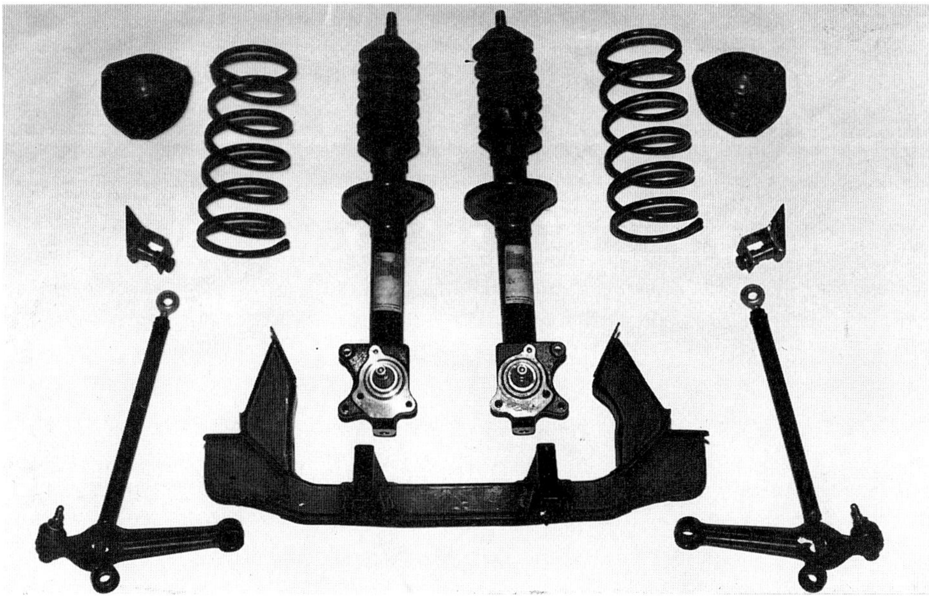

Umrüstsatz für die Vorderachse an allen Escort mit Heckantrieb bis Bj. 1979. Der Motorträger bringt für die Vorderräder einen negativen Sturz.

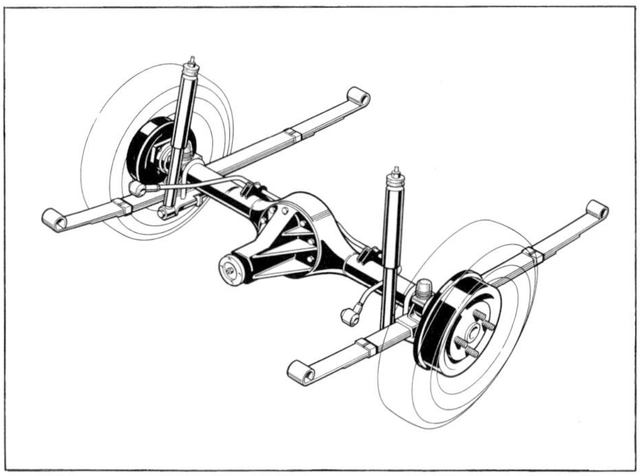

Escort "Trampelachse" Jahrgang 1975.

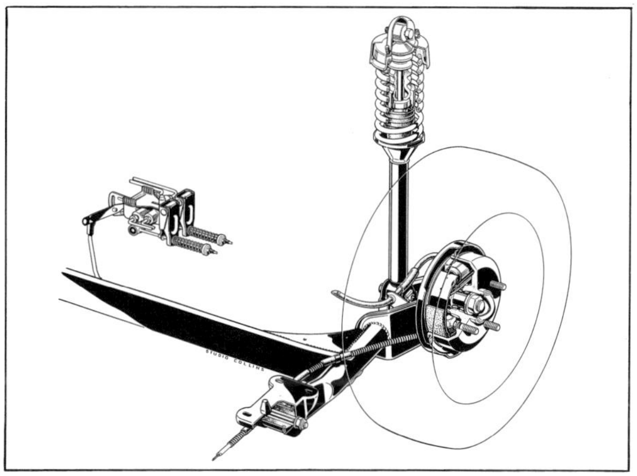

Verbundlenker-Hinterachse Jahrgang 1992.

lich höhere Kräfte auf, insbesondere an der Antriebsachse. Das kann zu schlechtem Geradeauslauf bei höheren Geschwindigkeiten, aber auch beim Beschleunigen und Bremsen führen. Deswegen kann, bei einigen Escort ein Bausatz zur Verbesserung der Vorderachsführung eingebaut werden. Dieser Bausatz besteht aus einem Querträger aus Aluminium, einstellbaren Zugstreben, einem verstärkten Stabilisator und den entsprechenden Anbauteilen. Die Fa. Mohag bietet diesen Bausatz für 690 Mark an und erteilt Auskunft darüber, für welche Escort-Modelle diese verbesserte Vorderachsführung lieferbar ist.

Positiv auf das Fahrverhalten wirkt sich auch der Einbau strafferer Lager an den Aufhängepunkten des Fahrwerks und des Motors aus. Eigenlenkbewegungen werden dadurch noch besser unterdrückt. Allerdings geht diese Maßnahme zu Lasten des Fahrkomforts. Der Fachhandel bietet diese sogenannten "HD"-Lager an.

ESCORT TUNING: OPTIK, AERODYNAMIK, RÄDER UND REIFEN.

Das Angebot an optischem Tuning für die frontgetriebenen Escorts ist sehr reichhaltig, wogegen die Besitzer der älteren Escort-Modelle keine große Auswahl mehr haben. Einige Tuner, wie zum Beispiel Eichberg, bieten noch Zubehör für den Escort I an. Interessenten sollten sich über die aktuelle Liefersituation informieren.

Verschiedene Ford-Tuner, darunter Gerstmann und Eichberg, bieten für den Escort II zwei große Kotflügelverbreiterungen an, wobei der eine für die Modelle 1100-1600 und der andere für den RS 2000 geeignet ist. Die optisch unterschiedlichen Verbesserungen ermöglichen jeweils die Verwendung von 7,5 x 13" großen Felgen mit Reifen der beeindruckenden Dimension 235/60 VR 13.

Insbesondere nach dem Bausatz für den RS 2000 besteht noch eine relativ große Nachfrage. Das überrascht allerdings nicht, denn dieses Modell ist ein echtes Liebhaberfahrzeug. Die noch lieferbaren Verbreiterung wurde in den siebziger Jahren bereits im Ford RS-Teile-Programm angeboten. 1977 baute die RS-Abteilung eine begrenzte Stückzahl des Sondermodells RS 2000 Spezial, das exakt mit dieser Verbreiterung ausgerüstet war. Komplett mit Karosserieteilen, Alu-Felgen, Reifen und einem Bausatz zur verbesserten Vorderachs-

Ein Wooding-Escort 1970. Solche Verbreiterungen gab es auch bei der deutschen RS-Abteilung.

Diese ursprünglich von der RS-Abteilung kreierten Verbreiterungen werden heute noch von einigen Tunern angeboten.

führung kostet er heute zum Beispiel bei Eichberg rund 3.800 Mark. Alternativ zur Alu-Felge bietet Eichberg eine optisch sehr gelungene 7.5 x 13" Stahl-Tiefbettfelge an.

Die Montage von 6 x 13" Alu Felgen mit 185/70-Reifen ist sowohl beim Escort I als auch seinem Nachfolger praktisch ohne Karosserieänderungen möglich. Bei den Felgen handelt es sich um die klassische RS-Alu-Felge aus dem früheren RS-Teile-Programm.

Das Angebot an optischem Tuning-Zubehör für die Escorts ab Baujahr 1980 ist sehr groß. Der Tuning-Fan hat die Möglichkeit, von breit bis schmal, unter verschiedenen Designs und Ausführungen auszuwählen. Nachfolgend werden quer durch die Angebotspalette einige Beispiele vorgestellt.

Wer auf die Montage von Karosserie-Tuningteilen gänzlich verzichten kann, hat die Möglichkeit, den Fahrzeug-Look mittels breiterer Felgen und Reifen mit relativ geringem Aufwand sportlich aufzubessern. Das beginnt bei 5.5 x 13"-Alu-Felgen mit maximal 175/70-Reifen, über 6 x 13" und derselben Reifengröße, 6 x 14" und 185/60-Reifen, bis zur Felgendimension 7 x 15" und 195/50-Bereifung. Dabei kann bei den verschiedenen Felgengrößen unter verschiedenen Designs und Herstellern gewählt werden. Darunter sind allerdings auch Felgen, die je nach Einpreßtiefe, geringe Karosseriemodifikationen, wie Umbördeln der Radausschnittkanten oder kleine Radabdekkungen, erfordern.

Escort 1,6i CL mit original Ford-RS-Teilen.

Dieser Mohag-Look paßt für Escort/Orion von 3/1986–8/1990.

Escort im GFL-Design.

Ein Kit der Fa. Suhe für das 81er Escort Modell.

Beim Angebot der Karosserie-Tuningteile muß zwischen den Modellen bis 2/1986 und danach unterschieden werden. Für die älteren Modelle, also bis 2/1986, bietet zum Beispiel Ford in seinem RS-Programm eine recht gelungene, kleine Verbreiterung an, die sich harmonisch in die Karosserie einfügt. Der komplette Satz besteht aus einem Frontspoiler, aufgesetzten Radabdeckungs-Verbreiterungen vorn und hinten, sowie dazu passenden Schwellerabdeckungen. Um das sportliche Bild abzurunden, bietet sich die Montage eines Heckflügels an, der zusammen mit zwei neuen Gasdruckhebern für die Hecktür geliefert wird. In Verbindung mit dieser Verbreiterung sind Felgen bis 6 x 15“ mit Reifen 195/50-15 möglich.

Eine mittlere Spurverbreiterung ist mit dem “Karosserieteile-Look 86“ von Gerstmann zu erreichen. Besitzer von vor 1986 gebauten Escorts haben damit die Möglichkeit, ihr Fahrzeug dem 1986er Escort-Look anzupassen und dabei gleichzeitig die Spur deutlich zu verbreitern. Die notwendigen Teile sind eine Spoilerstoßstange mit Grill, ein Heckstoßfänger mit integrierter Heckschürze, zwei Seitenschweller und vier aufgesetzte Kotflügelverbreiterungen. Um das sportliche Aussehen abzurunden, empfiehlt sich noch die Montage eines Hechspoilers aus PU-Weichschaum. In Verbindung mit dieser Verbreiterung sind 7 x 15“ Felgen zulässig mit Reifen der Dimension 205/50-15. Zur verbesserten Vorderachsführung verlangt der TÜV die Montage eines entsprechenden Bausatzes und eine Lenkeinschlagbegrenzung. Dieser Umbau wirkt optisch sehr gelungen und harmonisch.

Auch den Freunden von Extrem-Umbauten hat der Tuning-Markt einiges zu bieten. Ein spektakuläres Beispiel ist hier der Escort F 40, den die Fa. Rieger in Herbertsfelden kreiert hat. Mit der Bezeichnung “F40“ will Rieger offensichtlich eine Verbindung zum Ferrari mit derselben Bezeichnung herstellen, es fällt allerdings schwer, dem zu folgen. Dennoch ist der Rieger-Escort eine beeindruckende Erscheinung und selbst wer kein Freund solcher extrem breiten Umbauten ist, muß einräumen, daß dieser Umbau rundum gelungen ist. Alle Bauteile harmonieren sehr gut miteinander, der Wagen wirkt wie aus einem Guß. Auf den ersten Blick kann man ihn leicht mit einem hochkarätigen Sportwagen verwechseln. Aber nicht nur die Optik stimmt, auch die technische Ausführung des Bausatzes ist offensichtlich gelungen. Der mächtige Spoilerstoßfänger vorn kann separat ausgewechselt werden. Die vorderen Originalkotflügel werden komplett durch Polyesterkotflügel ersetzt, ebenso die hinteren Seitenteile. Weiterhin gehören zum Bausatz zwei Türaufsätze, Schwellerleisten und eine Heckschürze. Obwohl Serienscheinwerfer und Originalkühlergrill verwendet werden können, stehen wahlweise drei Doppelscheinwerfergrills zur Verfügung, mit zwei gleichgroßen, runden Scheinwerfern, einem großen und einem kleinen runden und zwei gleich großen, rechteckigen Scheinwerfern. Das Fahrwerk wird mit einem Koni-Tieferlegungssatz umgerüstet, wobei von außen verstellbare Stoßdämpfer verwendet werden.

Der Rieger-Escort F40 rollt auf beeindrukkenden Walzen: Es sind BBS-Felgen mit 15“ Durchmesser, vorn 9“ breit, mit Reifen 225/50 VR 15 und hinten sind es 11“ breite Räder mit der Bereifung 285/40 VR 15! Soviel Exklusivität hat natürlich ihren Preis. Allein die GFK-Teile kosten 4.150 Mark, was angesichts der aufwendigen und qualitativ guten Ausführung sicher angemessen ist. Aber das ist ja noch nicht alles. Für die dreiteiligen BBS-Felgen und die entsprechende Pirelli-Bereifung müssen rund 6.500 Mark hinterlegt werden. Der Koni-Fahrwerkssatz schlägt mit 1.250 Mark zu Buche, und will man auf den attraktiven Grill mit runden Doppelscheinwerfern nicht verzichten, kommen nochmals rund 410 Mark dazu. Erst dann ist man stolzer Besitzer des kompletten Bausatzes. Wer über die notwendigen Fähigkeiten und Werkzeuge verfügt und die Montage selbst vornehmen kann, muß noch für rund 300 Mark Montagematerial kaufen. Fehlen diese Voraussetzungen, kann der Umbau bei Rieger für rund 5.000 Mark in Auftrag gegeben werden. An Lackierungs-

Dieser Escort kommt von der Fa. Richter. Unter der Haube steckt ein 1,9-Liter-132 PS-Motor.

kosten stellt Rieger etwa 4.500 in Rechnung. Wer bereit ist, diese Summen zu investieren, den wird es nicht stören, daß die TÜV-Abnahme, die übrigens nur über Rieger möglich ist, mit rund 750 Mark honoriert werden muß. Will man selbst keinen Finger rühren und den Escort F40 fix und fertig übernehmen, ist man mit knapp 23.000 Mark dabei. Allein diese Summe ist die Garantie dafür, daß der Rieger-Escort F40 eine exklusive und seltene Erscheinung im Straßenbild sein wird. Der Rieger-Bausatz ist für Escort vor und nach Baujahr 1986 verfügbar, für Cabrios und zweitürige Limousinen.

Natürlich bieten auch andere Tuner extrem breite Umbausätze an. Der Mohag-Umrüstsatz, geeignet für zweitürige Limousinen und für das Escort-Cabrio, sieht zwar nicht so spektakulär wie die Rieger-Lösung aus, dafür ist er nicht ganz so teuer. Es kann jedoch dieselbe Felgen/Reifen-Kombination gefahren werden, wie beim Rieger-Escort F40. Eine Tieferlegung in Verbindung mit dem Mohag-Umbau ist jedoch nicht möglich.

Ähnlich wie für die Vorgänger sieht das Angebot für die Escort-Modelle nach Baudatum 2/1986 aus. Von breiteren Felgen und Reifen ohne Veränderungen an der Karosserie, bis zu extrem breiten Umbauten ist fast alles möglich. Gerstmann bietet den Umrüstsatz "GT" an, eine kleine, dezente Verbreiterung, die aber immerhin 7 x 15"-Felgen mit Reifen bis zur Dimension 205/50 R 15 vorn wie hinten ermöglicht. In Verbindung mit der GT-Verbreiterung ist zusätzlich entweder der Einbau

Elegant erscheint der Escort mit original Turboverbreiterungen, hier von Gerstmann vorbereitet.

Zweimal Eichberg: Oben: RS 1600 Turbo mit Spezialfahrwerk und 163 PS. Unten: Eichberg Escort RSi mit 1,9-Liter-Motor.

eines Lenkeinschlagbegrenzers oder eines Koni-Fahrwerkssatzes mit Tieferlegung erforderlich. Außerdem müssen vorn und hinten die Radhauskanten umgebördelt werden.

Neben dem Escort F 40-Umbau von Rieger, haben auch andere Spezialisten der Branche den Fans von Extrem-Umbauten einiges zu bieten, darunter Gerstman, die GfK-Teile-Hersteller Kerscher und Schult, sowie Ford-Mohag.

Die Verbreiterung "G2" von Gerstmann besteht neben den Kotflügelverbreiterungen aus einem Spoilerstoßfänger vorn, Seitenschwellerleisten und einem Heckstoßfänger mit integrierter Schürze. In Verbindung mit der 7 x 15" RS-Alu-Felge sind vier Reifenkombinationen möglich, von 195/50-15 rundum bis zu den Größen 205/50-15 vorn und 225/50-15 hinten. Die Verbreiterung eignet sich für zweitürige Limousinen und für die Cabrio-Modelle.

Noch weiter in die Breite gehen Escort-Limousinen und -Cabrios mit dem Bausatz der Firma Erwin Kerscher. in Rimbach. In Verbindung mit ATS- bzw. BBS-Felgen sind verschiedene Reifenkombinationen möglich bis zur maximalen Felgengröße 9 x 15" mit Reifen 225/50-15 vorn und 285/40-15 hinten. In diesem Zusammenhang sei darauf hingewiesen, daß die ATS-Felgen eine preiswerte Alternative zu den exklusiven, dreiteiligen BBS-Felgen darstellen.

Schult Kunststoff-Design bietet zwei große Verbreiterungen an, wobei eine davon optisch etwas gemäßigter ausfällt und auch für viertürige Limousinen geeignet ist. Auf den 7 x 13"-Felgen sind aber immerhin Reifengrößen bis 235/60-13 rundum realisierbar. Der Umbausatz "Escort 285" erlaubt maximale Felgengrößen von 8 x 15" mit 225/50-15 Reifen an der Vorderachse und 9 x 15" mit 285/40 an der Hinterachse. Der Mohag-Karosseriebausatz "Sport" kann mit relativ geringem Aufwand montiert werden. Die Verbreiterungen werden einfach auf die vorhandenen Kotflügel aufgesetzt, ohne die Radläufe zu vergrößern. Allerdings sind damit auch lediglich 40 mm Spurverbreiterung pro Achse möglich. Optisch wirkt der Bausatz ziemlich kantig und ein wenig zusammengewürfelt, man vermißt saubere, fließende Linien. Wesentlich perfekter, besonders optisch, wirken zwei extrem breite Umbausätze von Mohag, der "Große Karosserie-Umbausatz" und der Umbausatz "Exclusiv". Beide sind für zweitürige Limousinen und Cabrios geeignet. Beim großen Umbausatz dürfen vorn 8 x 15"-Felgen mit 225/50-15-Reifen gefahren werden, beim Exclusiv-Satz dürfen die Felgen 1" breiter sein. An der Hinterachse sind bei beiden Bausätzen 9 x 15"-Felgen mit der Reifengröße 285/40-15 erlaubt.

Fast alle größeren Escort-Verbreiterungen erfordern für die TÜV-Abnahme mehr oder weniger umfangreiche Fahrwerksmodifikationen wie Lenkeinschlagbegrenzer, verbesserte Achsführungen, usw. Außerdem ist nicht bei allen Varianten eine Fahrwerkstieferlegung möglich, dann müssen natürlich die Serienfedern verwendet werden.

Im Herbst 1990 wurden die derzeit neuesten Modelle der Escort- und Orion-Baureihe vorgestellt. Mittlerweile hält die Tuning-Branche auch dafür ein ansehnliches Angebot an optischen und aerodynamischen Karosserieteilen bereit.

In ihrer Zusammensetzung sind die lieferbaren Umrüstsätze mit denen des Vorgängermodells zu vergleichen, das heißt, sie bestehen meistens aus modifizierten Front- und Heckstoßfängerspoilern, Türschwellerleisten, Türaufsätzen und Heckspoilern. Für größere Spurverbreiterungen werden zusätzlich Kotflügelaufsätze, bzw. komplette Kotflügel angeboten.

Selbstverständlich sind diese Karosserieveränderungen auf die Optik des neuen Escort abgestimmt. Dabei fällt auf, daß der Trend zur dezenteren Aufmachung anhält.

Selbst der Escort im "F40-Look" von Rieger wirkt trotz seiner beeindruckenden Spurweite weder plump noch aufdringlich. Immerhin beherbergen die Kotflügelverbreiterungen dieses Modells vorn BBS-Felgen der Dimension 9J x 15" mit Reifen 225/50-15 und hinten sind es sogar 11J x 15" mit 285/40-15-Reifen.

Neben der F40-Aufmachung bietet Rieger noch

zwei weitere Umrüstsätze an, im "GTB"- und "GTS"-Look. Der GTB-Satz ermöglicht Rad/Reifen-Kombinationen von 8J x 15"/205/50-15 vorn und 9J x 15"/225/45-15 hinten.

Alle vorgenannten Bausätze sind sowohl für Escort Limousinen als auch für Cabrios verfügbar.

Darüber hinaus bieten auch die anderen Tuner zahlreiche Umrüstmöglichkeiten mit den verschiedensten Rad/Reifen-Kombinationen an. Einen Überblick vermitteln die zahlreichen Abbildungen in diesem Buch. Besonders hervorzuheben sind dabei die Angebote der Firmen Selzer, Mohag, Wolf, SUHE, Gerstmann und Noschka. Noschka bietet neuerdings 7J, bzw. 7,5J x 13"-Stahlfelgen für Fiesta und Escort an, die eine interessante optische Alternative zu den zahlreichen Leichtmetallrädern darstellen.

Verschiedene Umbauten, die eine wesentliche Verbreiterung der Spur zur Folge haben, erfordern unter Umständen Modifikationen an der Karosserie bzw. am Fahrwerk. Wer sein Fahrzeug selbst umrüsten möchte, sollte sich vorher eingehend vom Fachmann beraten lassen.

Eine weitere Eichberg-Variante zum Thema Escort.

Zwei Zender-Escort mit unterschiedlicher Zweifarben-Lackierung. Eine Zweifarben-Lackierung kann sehr attraktiv wirken, ist aber wegen des hohen Aufwandes nicht billig.

Dieser tiefliegende Zakspeed-Escort ist für die heutigen Straßen der neuen Bundesländer kaum geeignet.

Den beiden Mädels scheint der Gerstmann-Escort zu gefallen.

Die Capri-Spezialisten von Suhe verstehen auch etwas vom Escort-Tuning, wie man hier sieht.

Zwei Breitversionen im Vergleich: oben eine Variante von Mohag, unten von der Fa. Schult.

Breit, aber nicht zu breit ist dieser Escort von der Fa. Kerscher. Besonders gut wirken die schon beinahe klassischen BBS-Felgen.

Zweimal Rieger-Escort Cabrio. Oben die GTB-Ausführung, unten die etwas schmalere GTS-Version.

Aus dieser Perspektive kann man den Unterschied zwischen der Rieger GTS- und der GTB-Ausführung gut erkennen.

Die breiteste Ausführung von Rieger ist der Escort F40. Auch wenn man kein Freund solcher Extrem-Verbreiterungen ist, muß man zugeben, daß sowohl das Cabrio als auch die Limousine sehr gelungen wirken.

Das F40 Cabrio von Rieger mit anderem Grill. Doppelscheinwerfern und Blinkleuchten im Stoßfänger.

Auch mit dieser Frontpartie wirkt das Rieger F40 Cabrio gelungen.

Ein Escort CL (oben) und ein CLX (unten) veredelt mit original Ford-RS-Teilen.

Auch dem Orion steht der RS-Umrüstsatz gut zu Gesicht.

Dieser von Mohag umgebaute RS 2000 wirkt trotz der recht starken Verbreiterung sehr elegant.

Eine Detailansicht des RS 2000 von Mohag. Hier kann man wahrlich von Tiefbettfelgen reden.

Dezent und geschmackvoll wirkt diese Lösung von Selzer. Man beachte die unterschiedlichen Felgentypen.

Dem Cabrio steht der Ford-RS-Kit besonders gut. Überhaupt ist das Escort-Cabrio, das bei Karmann gebaut wird, optisch sehr gelungen, was man von einigen Mitbewerber-Modellen nicht unbedingt sagen kann.

Wie aus einem Guß: Selzer Orion (oben) und Escort Turnier (unten).

Dieser Escort wurde von Gerstmann hergerichtet. Beim Frontspoiler sind offenbar arabische Stilelemente eingeflossen.

Das Serien-Escort Cabrio im Vergleich zu einer mittelbreiten Selzer-Version. Der Selzer-Escort rollt auf 9“ breiten Borbet-Rädern.

Das Selzer Cabrio ist mit einer originellen und aufwendigen Lederausstattung zu haben.

Capri-Tuning

Der Capri gehört zu den bemerkenswertesten Modellen aus dem Hause Ford. Die amerikanischen Ford-Töchter in Deutschland und England betraten, was das Konzept angeht, absolutes Neuland. Dieser Mut wurde dann auch durch einen überwältigenden Erfolg honoriert. Bei seiner Vorstellung im Jahr 1969, sorgte der Capri für überfüllte Schauräume bei den Ford-Händlern, die sich an den Kaufverträgen die Finger wund schrieben.

Der ursprüngliche Erfolg des Capri ist auf die Verquickung der Merkmale eines Großserienautomobils, wie bewährte und robuste Technik, Zuverlässigkeit, niedriger Preis und das aufregende Erscheinungsbild zurückzuführen. Diese glückliche Synthese bescherte dem Capri über lange Jahre großartige Verkaufserfolge, die bis Anfang der achtziger Jahre anhielten und dann allmählich nachließen.

Auch im Motorsport waren die Weichen für den Capri von Anfang an auf Erfolg gestellt. Diese Tatsache wirkte sich wiederum zusätzlich positiv auf sein "ziviles" Image aus. Allerdings war der Capri von der Konstruktion, den Fahrleistungen und dem Fahrverhalten her, nicht so sportlich wie er aussah. Dennoch entschieden sich viele sportlich ambitionierte Autofahrer für dieses Ford-Modell, zumal Ford sich mit der Einführung des RS-Teile-Programms als Vorreiter der Tuning-Bewegung auf breiter Basis bestätigte.

Im November 1984 lief die Capri-Produktion zunächst für den deutschen Markt aus. Für England wurde er noch bis Dezember 1986 gebaut. Der Capri erfreut sich heute noch einer großen Fan-Gemeinde. Jedes Jahr finden regelmäßig nationale und internationale Capri-Treffen statt. Dort wird klar, daß ein Capri für die meisten seiner Besitzer mehr ist als nur Fortbewegungsmittel. Auf diesen Treffen ist kaum ein serienmäßiges Fahrzeug zu finden, fast alle sind in irgendeiner Form optisch oder mechanisch verändert worden. Der Capri spielt auch heute noch eine relativ wichtige Rolle in der Ford-Tuning-Szene. Es sind überwiegend Capri III, die heute noch gehegt und gepflegt werden, seltener Capri II und nur noch vereinzelt Capri I.

Der Capri I wurde von Anfang 1969 bis 1972 unverändert gebaut. Er war in Deutschland ausschließlich mit V4- und V6-Motoren ausgerüstet zwischen 1300 cm^3 mit 50 PS bis 2600 cm^3 mit 125 PS. Ein unter Sportfahrern sehr gefragtes Modell war der Capri RS 2600, der mit einem 2,6-Liter-Einspritzmotor ausgerüstet war, der 150 PS leistete. Der RS 2600 wurde nur in einer geringen Stückzahl gebaut und ausschließlich über das RS-Händler-Netz vertrieben. Der RS 2600 war aber nicht nur gut motorisiert, sondern auch das Fahrwerk, die Optik und die Innenausstattung waren sportlich ausgelegt.

1973 wurden die Capri-Modelle optisch "geliftet", allerdings nur geringfügig. Geändert wurde die Frontpartie mit Scheinwerfern und Grill: die Heckleuchten wurden vergrößert. Die Innenausstattung, einschließlich des Armaturenbrettes, wurde neu gestaltet. Die V4-Motoren wurden durch 1300er bzw. 1600er OHC-Reihenmotoren ersetzt, und das V6-Motorenangebot wurde durch einen 3,0-Liter mit 138 PS erweitert.

Auch der 73er Capri RS 2600 zeigte sich in überarbeiteter Form. Im Gegensatz zu seinem Vorgänger war er jetzt mit Stoßfängern vorn und hinten ausgestattet, wie die anderen Modelle bekam er eine neue Innenausstattung, wieder ganz auf sportlich getrimmt. Eine veränderte Einspritzanlage reduzierte den Kraftstoffverbrauch gegenüber dem alten RS erheblich. Äußerlich wirkte der 73er RS nicht mehr so bullig und aggressiv wie der alte.

Das 73er Capri I-Modell wurde nur ein Jahr lang produziert. 1974 brachte Ford den Capri II heraus, bei dem die sportliche Coupe-Form beibehalten wurde. Der Capri II hatte nicht die seitlichen "Sicken" wie der Capri I. Frontpartie und Heck waren neu gestylt. Die wichtigste Änderung stellte

Der Capri I besaß ein unverwechselbares Styling, mit dem er bei seiner Vorstellung großes Aufsehen erregte.

allerdings die Heckklappe dar, unter der sich jetzt ein wesentlich größerer Kofferraum verbarg. Das Motorenprogramm wurde praktisch unverändert vom 73er Capri übernommen, nur der 2,6-Liter/ 125 PS-Motor war nicht mehr verfügbar. Keinen Nachfolger im Capri II-Programm fand das RS Modell. Angesichts der damaligen Energiekrise mit drastisch gestiegenen Benzinpreisen und staatlich verordneten Fahrverboten hatten es die Ford-Marktstrategen vorgezogen, auf so ein ausgesprochen sportliches Modell zu verzichten. Trotz der veränderten Karosserie mit großer Heckklappe konnte der Capri II die Verwandtschaft mit seinem Vorgänger nicht leugnen, allerdings war das gesamte Erscheinungsbild biederer geworden und nicht mehr so pfiffig wie beim Capri I.

Nach vier Produktionsjahren kam 1978 wieder ein neuer, oder wenigstens ein stark überarbeiteter Nachfolger auf den Markt, der Capri III. Das Konzept war beibehalten worden – sportliche Coupé-Form mit großer Heckklappe. Die wichtigsten äußerlichen Änderungen betrafen die geänderte Frontpartie, jetzt bei allen Modellen mit Doppelscheinwerfern, eine zum Spoiler ausgebildete Frontschürze und vergrößerte Heckleuchten. Auch die Innenausstattung zeigte sich in neuem Design. Das Motoren-Programm wurde fast unverändert vom Vorgänger übernommen. Ab 1981 gab es wieder einen Capri mit Kraftstoffeinspritzung, es war der Capri 2,8i, dessen V6-Motor 160 PS entwickelte. Dieses Modell wurde, mit mehr oder weniger geringfügigen Änderungen, bis zum Produktionsenden 1984 gebaut.

Ebenfalls 1981 wurde eine echte Capri-Rarität geboren, der Werks-Turbo-Capri 2800. Der Turbo-Capri basierte auf dem 2,8i, wurde von Ford-Motorsportspezialisten entwickelt und in Zusammenarbeit mit der Fa. Zakspeed in einer limitierten Stückzahl von nur 200 Fahrzeugen gebaut. Obwohl der Turbo-Capri auf dem 2,8i basiert, war es nicht mit dessen Einspritzmotor ausgerüstet, sondern mit dem 2,8-Liter/135 PS-Vergasermotor aus der Granada-Modellreihe. Aufgeladen wurde der Motor von einem KKK-Abgasturbolader, der bei einem Ladedruck von 0,4 bar dem Motor eine Leistung von 188 PS bei 5500 U/min entlockte.

Die Montage des Turbo-Capri verlief in mehreren Phasen. Ford lieferte lackierte Rohkarossen bei Zakspeed an, wo GfK-Kotflügelverbreiterungen vorn und hinten, sowie ein großer Frontspoiler und ein Heckflügel-Spoiler angebaut wurden. Anschließend wurden die Karosserien zurück ins Werk gebracht, um komplettiert zu werden. Der Capri-Turbo war serienmäßig mit 6,5J x 13"-Stahlfelgen und Phoenix-Reifen der Gröäe 235/60 VR 13 ausgerüstet. Gegen Aufpreis waren 7,5J x 13"-Alu-Felgen lieferbar. Der Capri 2.8-Turbo kostete 33.300 Mark ab Werk.

In den letzten drei Produktionsjahren wurde das Capri-Programm immer weiter gestrafft. Mit üppig ausgestatteten Sondermodellen versuchte Ford die ständig rückläufigen Verkäufe zu stabilisieren, bis schließlich Ende 1984 die Produktion für den deutschen Markt eingestellt wurde.

Aus jeder Perspektive gelungen – der Capri I.

Der Capri RS 2600 war zu seiner Zeit ein bärenstarkes Auto. Er ist heute ein gefragtes Liebhaberfahrzeug.

Der RS 2600 von 1972 war mit Stoßstangenecken vorn und hinten bestückt.

Capri I nach Facelifting 1973.

Neben einer leicht geänderten Frontpartie bekam der 1973er Capri auch größere Schlußleuchten.

Dem Capri II ist die Verwandtschaft zu seinem Vorgänger noch deutlich anzusehen.

Neu war beim Capri II die große Heckklappe.

Capri Super Injection von 1984.

Auch der Capri III hatte, wie der hier abgebildete Capri II, eine große Heckklappe.

Auf guten Straßen entwickelt der Capri trotz seiner starren Hinterachse ein gut beherrschbares Fahrverhalten.

Eine absolute Rarität: der 188 PS starke Werks-Turbo-Capri von 1981.

Die optisch aggressive Frontpartie des Turbo-Capri ließ über seine Potenz keine Zweifel aufkommen.

Ein Blick unter die Motorhaube des Werks-Turbo-Capri. Das aufgeladene 2,8-Liter-V 6-Triebwerk leistet 188 PS bei 5500 U/min. Im Verhältnis zur Motorleistung fallen die Fahrleistungen allerdings etwas mager aus, zumindest was die Höchstgeschwindigkeit angeht, die 215 km/h beträgt. Die Beschleunigung in 8,0 s von 0 -100 km/h erscheint der Motorleistung angemessen.

Das Angebot an Capri-Motortuning-Zubehör ist begrenzt und beschränkt sich nur auf wenige Typen und Motoren, zumindest, wenn es sich um Tuning-Maßnahmen handelt, die auch vom TÜV abgenommen werden.

Mohag bietet für die Capris mit 1600er-OHC-Motoren und 68 bzw. 72 PS eine Tuningstufe an, die aus einem Registervergaser, Ansaugkrümmer, Luftfilter und Auspuffhosenrohr besteht. Die Mehrleistung wird mit etwa 12 PS angegeben.

Für die Capris mit V6-Motoren sieht es ganz dunkel aus. Lediglich einige Hochleistungsauspuffanlagen, die Leistungssteigerungen zwischen 6 und 15 PS ermöglichen, je nach Typ, werden angeboten. Das bedeutet allerdings nicht, daß es nicht ein reichhaltiges Teileangebot für diese Motoren gäbe. Im Gegenteil, es ist fast alles zu haben, was des Tuner's Herz sich wünscht. Allein: der TÜV verweigert seinen Segen.

Eine Ausnahme stellt der Capri 2,8i dar. Für dieses Modell werden verschiedenen Abgas-Turboanlagen angeboten. Eichberg-Motorsport bietet zum Beispiel eine Anlage mit einem KKK-Lader an, die dem Einspritzer zu eine Leistung von 204 PS verhilft.

Noch mehr "Dampf" verspricht die Firma SUHE für den Capri 2.8i, wenn eine Abgas -Turboanlage mit Garrett T3-Turbine eingebaut wird: 220 PS, ein sattes Drehmoment von 32,7 mkp (320 Nm) bei 3650/min, in 6,9 s von 0-100 km/h und eine Spitze von 225 km/h. Selbstverständlich alles TÜV abgenommen.

Die Fa. Eichberg bot als erster Tuner eine Abgasturbolader-Anlage mit TÜV-Freigabe für den Capri 2,8i an.

Die Fahrwerkskonstruktionen sind bei allen Capri-Modellen im Prinzip baugleich: Federbeine vorn und Blattfedern hinten. Für alle Modelle gibt es Tieferlegungssätze, die aus verkürzten Schraubenfedern vorn und Distanzstücken bzw. Einblattfedern für die Hinterachse bestehen. Darüber hinaus sind für einige Modelle verstärkte Stabilisatoren für die Vorderachse zu haben. Bei größeren Spurverbreiterungen müssen bei fast allen Modellen an der Vorderachse Schubstreben eingebaut werden, um eine bessere Achsführung zu erreichen. Bei allen Modellen außer 2.8i und den Modellen mit 3 l-Essex-Motor kann ein Motorträger für negativen Sturz an der Vorderachse eingebaut werden.

In Verbindung mit der Tieferlegung empfiehlt sich bei allen Modellen der Einbau von Sport-Stoßdämpfern, die zum Beispiel von Koni oder Fichtel & Sachs hergestellt werden. Außerdem steht für einige Modelle ein Stabilisatorbausatz für die Hinterachse zur Verfügung, mit dem eine Reduzierung des Eigenlenkverhaltens der Hinterachse erreicht wird. Fast alle Tuner und viele Zubehörhändler bieten diese Artikel an und erteilen Auskunft über die Verwendungsmöglichkeit bei den einzelnen Modellen.

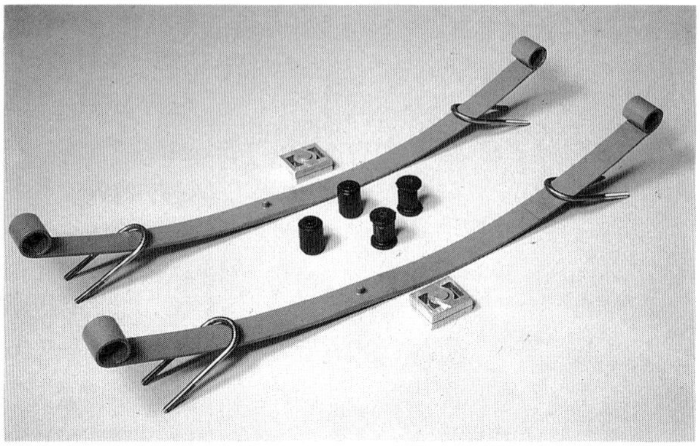

Oben: Mit Einblattfedern und Distanzstücken kann das Capri-Heck abgesenkt werden.

Unten: Vorderachsumrüstsatz mit Motorträger für negativen Sturz.

Der Capri wird, wie erwähnt, schon lange nicht mehr gebaut. Um so mehr erstaunt das üppige Angebot an optischem Zubehör und Felgen. Selbst für den Capri I ist noch einiges zu haben. Ursache für diese Erscheinung ist sicherlich die enthusiastische "Capri-Fan-Gemeinde", deren Mitglieder mit einem überdurchschnittlichen Bedürfnissen nach individueller Umgestaltung ihres Capri ausgestattet sind. Das Angebot orientiert sich auch hier an der Nachfrage.

Das Lieferprogramm ist so umfangreich, daß jeder Capri-Fan einen Umbau-Kit finden wird, der seinen Vorstellungen entspricht. Um den Rahmen des Buches nicht zu sprengen, können nur einige Beispiele der vielfältigen Möglichkeiten vorgestellt werden.

Im Renn-Look der frühen siebziger Jahre präsentiert sich Capri I, wenn er mit der Kotflügelverbreiterung von SUHE umgerüstet wird. Der Bausatz besteht aus vier GfK-Kotflügelverbreiterungen, die in eckiger oder runder Ausführung lieferbar sind, Frontspoiler und Schwellerleisten. Ein zu Optik passender Heckspoiler ist ebenfalls lieferbar. In Verbindung mit dieser Verbreiterung können dreiteilige BBS-Rennfelgen vom Format 9J x 13" und Reifen der Größe 235/60 VR 13 gefahren werden. Zur exakteren Vorderachsführung müssen Schubstreben und spezielle Querlenker eingebaut werden.

Die Firma Zender bietet sowohl für den Capri II als auch für das Modell III einen geschmackvollen, relativ unauffälligen Aerodynamik-Kit an, bestehend aus Spoilerstoßfänger vorn, Heckstoßfänger mit eingearbeiteter Schürze, Seitenschwellerleisten

Schematische Darstellung der Wirkung von Front- und Heckspoiler auf Luftwiderstand und Bodenhaftung.

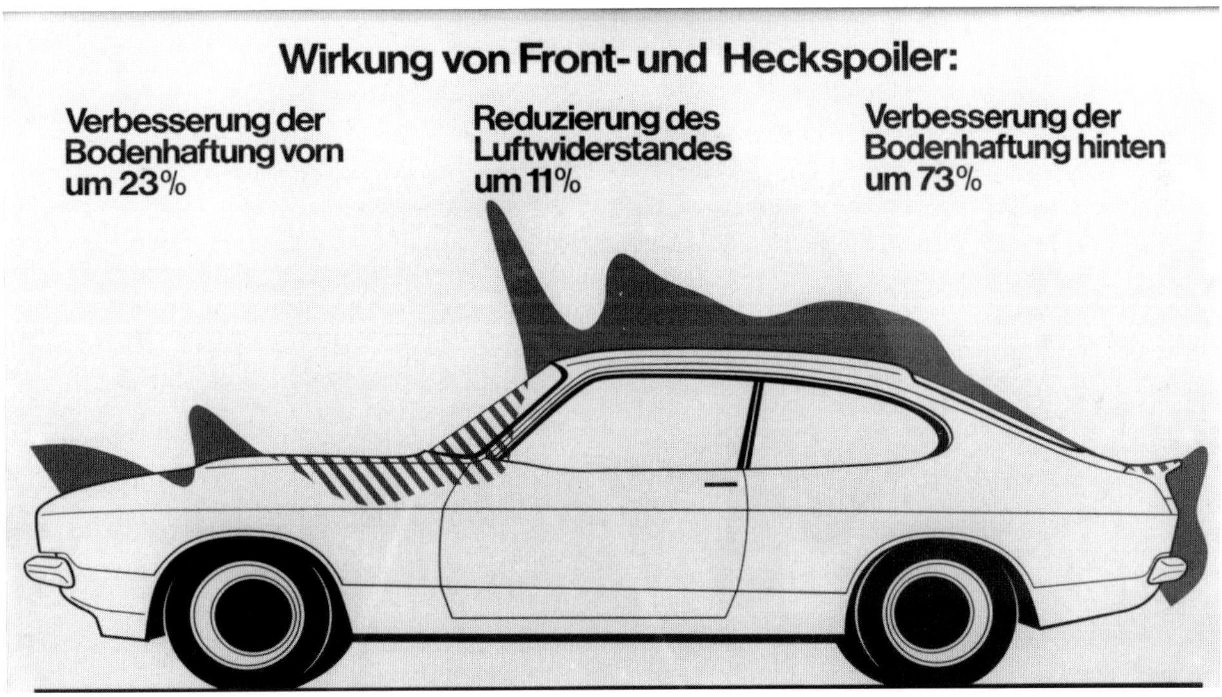

und Heckspoiler. 7J x 13" RS-Alu-Felgen mit Reifen 205/60-13 können ohne Kotflügelverbreiterung bei diesen Kits gefahren werden. Lediglich die Kanten der Radausschnitte müssen umgebordelt werden. Freunde der "breiten Lösung" finden für die Capri-Modelle II und II eine große Auswahl. Es sind Rad/Reifen-Kombinationen bis zu 9J x 15" mit 225/50-15 vorn und 13J x 15" mit 245/35-15 hinten realisierbar.

Vom Werks-Turbo-Capri wurden 1981 nur etwa 200 Stück gebaut, es ist also fast unmöglich, heute noch ein Exemplar zu erstehen. Jedoch bietet Gerstmann einen Karosserie-Kit an, dessen Optik genau der des Werks-Turbo-Capri entspricht. Die Original-RS-Alu-Felgen, 7 1/2J x 13", sind ebenso noch lieferbar wie der entsprechende Heckspoiler. Die zulässige Reifengröße entspricht auch der des Originals: 235/60 VR 13.

Mit einem Leckerbissen ganz besonderer Art konnte Firma GFL Auto-Technik + Design aufwarten: Auf Wunsch baute dieser Tuning-Spezialist den Capri III zum Cabrio um. Der "oben ohne" Traum konnte als auch für Capri-Fahrer wahr werden. In Verbindung mit einem von GFL entworfenen Aerodynamiksatz kann sich dieses Cabrio durchaus sehen lassen. Allerdings hat GFL den Cabriobau inzwischen wieder eingestellt, die TÜV-Abnahme gestaltete sich überaus schwierig. Das übrige Aerodynamik-Paket ist aber weiterhin lieferbar.

Neben den bereits genannten Namen sind nachfolgend noch einige Firmen aufgeführt, die Capri-Karosserie-Tuningteile liefern: Eichberg-Motorsport, Ford-Werke AG, Kerscher, Mohag, Richter, RSB, Steppan. Die Adressen dieser Firmen finden Sie im Lieferantennachweis.

Ein Marshal-Capri von 1970.

Beliebtestes Tuning-Objekt ist heute der Capri III. Aus diesem Grund ist das Angebot an Tuning-Teilen für die Modelle I und II recht gering. Der Bausatz für den hier abgebildeten Capri II kommt von der Fa. Zender.

Dieses Foto von 1977 zeigt einen mit Ford-RS-Teilen aufgemotzten Capri II.

Der Brodie-Capri war fast so breit wie lang. Er war allerdings für den Motorsport und nicht für den Straßenverkehr konzipiert.

Ein mit Ford-RS-Teilen umgerüsteter Capri III.

Der Capri wird in Deutschland seit 1984 nicht mehr gebaut. Dennoch spielt er eine nicht zu unterschätzende Rolle im Zusammenhang mit Ford-Tuning.

Dieser Ford-RS-Umbausatz für den Capri III ist heute noch bei einigen Ford-Tunern erhältlich.

Aus dieser Perspektive erkennt man die beeindruckende Spurweite, die aus den 7,5" breiten Felgen mit 235er Reifen resultiert.

Mächtige Heckflügel spielen beim Capri-Tuning offenbar eine wichtige Rolle. Oben ein Capri von RSB, unten von Suhe.

Front- und Seitenansicht einer weiteren Karosserie-Variante von der Fa. RSB.

Extrem breite Fahrwerke wie bei diesem Capri von Kerscher erfordern natürlich Fahrwerksmodifikationen um die größeren Kräfte aufzunehmen.

Im Gegensatz zu dem zuvor abgebildeten Breit-Capri fehlen bei dieser Kerscher-Variante die Seitenschweller-Leisten.

Auch die Fa. RSB hat eine extrem breite Capri-Version im Programm.

Bei diesem Suhe-Capri wirkt die Heckstoßstange etwas deplaziert, obwohl sie sicher einen gewissen Schutz bietet.

Der Besitzer dieses Capri fügte Original-Ford-RS-Teile mit Komponenten von RSB zusammen. Das Ergebnis kann sich durchaus sehen lassen.

Der Aston Martin-Capri von 1982 war lediglich eine Studie.

Sierra-Tuning

Der Sierra wird seit 1982 gebaut und gehört zu den erfolgreichsten Automobilen seiner Klasse. Bereits im ersten Produktionsjahr erhielt diese Ford-Modell 15 bedeutende internationale Auszeichnungen, und mehr als ein Sechstel aller europäischen Neuwagenkäufer entschied sich in der Mittelklasse für diese Ford-Modell. Inzwischen war der Sierra mehrmals europäischer Marktführer in seiner Klasse.

Der Sierra wurde in den ersten fünf Jahren als zwei- und viertürige Fließhecklimousine mit großer Heckklappe und als Turnier (Ford-Bezeichnung für Kombi) gebaut. 1987 stellte Ford eine völlig überarbeitete Sierra-Modellreihe vor. Zusätzlich wurde eine viertürige Stufenheck-Limousine in die Modellpalette aufgenommen.

Mit der typischen Form des Sierra führte Ford 1982 ein unverwechselbares Ford-Design ein, das mittlerweile das Erscheinungsbild aller europäischer Ford-Limousinen prägt.

Der Sierra hat Heckantrieb und ein zeitgemäßes Fahrwerk. Einzelradaufhängung rundum, vorn die bewährten McPherson-Federbeine, Querlenker und Querstabilisator, der hinter der Vorderachslinie angeordnet ist. Die Hinterachsaufhängung besteht aus Schräglenkern, einem Querstabilisator, Schraubenfedern und Teleskopstoßdämpfern.

Zwischen 1982 und 1987 umfaßte das Sierra Motorenprogramm drei Vierzylinder-Reihen-, drei V6-Motoren und einen Vierzylinder-Dieselmotor. Hubraum und Leistung reichten von 1600 cm^3/75 PS bis 2800 cm^3/150 PS. Ab 1987 wurde das Motorenprogramm ständig gestrafft und die Sechszylinder, bis auf den 2,8 l-Einspritzer, aus dem Programm genommen.

Heute wird der Sierra ausschließlich mit Einspritzmotoren ausgerüstet. Neben vier verschiedenen Reihenvierzylindermotoren, einschließlich des Cosworth-Motors gibt es noch einen 2,9 l-V6-Motor und einen 1,8 l-Vierzylinder-Turbo-Diesel.

Wenn man in der Sierra-Modellfamilie nach sportlichen Varianten sucht, so stößt man zunächst auf den Sierra XR4, der Anfang 1983 vorgestellt wurde. Der XR4 ist mit einem 2,8 l/150

Sierra XR4 von 1983.

PS-Einspritzmotor ausgerüstet und nur als dreitürige Limousine lieferbar. Der sportliche Charakter wird durch ein straffes Fahrwerk, eine spezielle Innenausstattung und einen sportlichen Außentrimm, einschließlich eines auffälligen Heckspoilers, unterstrichen. Mit dem 2,8 l-Motor erreicht der XR4i eine Spitze von 210 km/h. Auch heute gibt es noch einen XR4i im Sierra-Programm, der leistungsmäßig allerdings auf 115 PS abgemagert ist. Diese Leistung produziert der relativ neue 2,0 l-Reihenvierzylindermotor mit zwei obenliegenden Nockenwellen. Dieser Motor wird allgemein wegen seiner Vorzüge gelobt. Er ist sehr laufruhig, sparsam, besitzt viel Drehmoment, das höchste entwickelt er bereits bei 2500/min. Das äußere Erscheinungsbild des neuen XR4i ist dezenter gehalten als das seines Vorgängers. Der Heckspoiler ist wesentlich kleiner geworden und bestimmt nicht mehr, wie beim alten XR4i, die Optik des gesamten Wagenhecks. Die Innenausstattung ist dezent sportlich gehalten. Das Fahrwerk ist straffer abgestimmt als bei den übrigen Modellen, aber durchaus noch komfortabel. Mit dem 115 PS-Motor erreicht der neue XR4i eine Höchstgeschwindigkeit von 190 km/h.

Der richtige Renner im Sierra-Programm ist allerdings der Sierra Cosworth. Die Produktion dieser echten Sport-Limousine wurde Ende 1985 aufgenommen, mit dem Ziel, innerhalb eines Jahres 5000 Einheiten zu produzieren, um eine Homologation in der Tourenwagen-Gruppe A zu erreichen. Das Zweiliter-Vierzylinder-Triebwerk des Cosworth basiert auf dem 2,0 l-OHC-Sierra-Serienmotor und wird bei dem englischen Motor–Spezialisten Cosworth kräftig modifiziert. Der Motor erhält einen von Cosworth speziell entwickelten Zylinderkopf aus Aluminium mit zwei obenliegenden Nockenwellen und vier Ventilen pro Zylinder. Die zweite leistungssteigernde Maßnahme besteht im Einbau eines Garrett-T.03B-Abgasturboladers mit Ladeluftkühlung und integriertem Ladeluftregelventil. Bei einem Ladedruck von maximal 0,7 bar entwickelte der Cosworth-Motor eine Leistung von 150 kW/204 PS bei 6000/min.

Für die Gemischaufbereitung sorgt eine Weber-Kraftstoffeinspritzung. Die Steuerung von Kraftstoffeinspritzung, Zündung und Ladedruck erfolgt elektronisch über einen Computer. Wie seine "normalen" Brüder hat auch der Sierra-Cosworth Heckantrieb, allerdings ist er serienmäßig mit einem Visko-Sperrdifferential ausgerüstet, damit die Kraft ordentlich auf die Straße gebracht werden kann.

Das Fahrwerk wurde der gesteigerten Leistung angepaßt. Die serienmäßigen Leichtmetallfelgen messen 7" in der Breite und 15" im Durchmesser und sind mit Reifen der Dimension 205/50 VR 15 bestückt. Auch das Bremssystem wurde den Fahrleistungen angepaßt. Der Cosworth ist rundum mit Scheibenbremsen ausgestattet, die vorn innenbelüftet sind. Außerdem ist ein elektronisches ABS integriert.

Zunächst wurde der Sierra-Cosworth nur als dreitürige Fließhecklimousine geliefert, mit einem breiten Spoilerstoßfänger vorn und hinten und Türschwellerleisten. Der Heckstoßfänger wurde dieser Optik angepaßt. Auf der Hecktür thront ein riesiger Flügel, der jedoch aus Homologationsgründen angebaut werden mußte.

Nachdem die zur Homologation notwendige Produktionsstückzahl erreicht worden war, wurde der Sierra-Cosworth bald nur noch als viertürige Stufenheck-Limousine geliefert. In dieser Ausführung wirkt der Cosworth wesentlich unauffälliger, zumal der riesige Heckflügel durch einen kleinen Spoiler ersetzt wurde und keine Kotflügelverbreiterungen mehr angebaut werden.

Mittlerweile kann der Sierra-Cosworth noch mit einer weiteren technischen Spezialität aufwarten: er wird serienmäßig mit permanenten Allradantrieb geliefert. Die Kraftverteilung des von Ford entwikkelten Allradantriebs erfolgt zu 34 % auf die Vorderachse und zu 66 % auf die Hinterachse. Das zentrale und das hintere Differential sind Viscose-gekuppelt und selbstsperrend.

In der neuesten Version leistet der Cosworth-Motor 162 kW/220 PS. Wenn die Fahrleistungen dennoch "nur" etwa denen der 20 PS schwächeren Vorgänger entspricht, liegt das an den höheren Reibungsverlusten durch den Allradantrieb und dem serienmäßigen Drei-Wege-Katalysator. Dennoch kann man über die Fahrleistungen kaum klagen: die Höchstgeschwindigkeit beträgt 240 km/h und in 6,9 Sekunden wird aus dem Stand die 100 km/h-Marke erreicht.

Der Sierra-Cosworth kostet heute 70.700 Mark ab Werk. Absolut gesehen, sicherlich eine Menge Geld. Andererseits ist der Cosworth ein überkomplett ausgestattetes Fahrzeug. Um einen Eindruck vom hohen Ausstattungsniveau zu vermitteln, werden hier die wichtigsten Details genannt:

Die Außenspiegel links und rechts sind elektrisch einstellbar und beheizbar. Ebenfalls beheizbar sind die Windschutzscheibe und die Scheibenwaschdüsen. Weiterhin gehören zur Serienausstattung eine Diebstahl-Alarmanlage, ein Kurbel-Hubdach aus Sicherheitsglas, eine Scheinwerfer-Wischwaschanlage, Zentralverriegelung, elektrische Fensterheber vorn, Stereo-Radio-Cassettengerät, Außentemperaturanzeige, Recarositze vorn mit Höhenverstellung, usw. Die serienmäßigen, technischen Vorzüge wie Allradantrieb mit selbstsperrenden Differentialen, ABS oder Servolenkung wurden bereits erwähnt.

Ein Fließheck-Sierra Cosworth in aufregender Gesellschaft.

Der große "Löffel" mußte aus Homologationsgründen angebracht werden.

Der Stufenheck-Cosworth ist eine relativ unscheinbare Limousine und gerade deshalb ein Wolf im Schafspelz.

Sowohl bei Rundstreckenrennen als auch bei Rallyes hat sich der Sierra Cosworth großartig geschlagen.

Röntgenbild vom Sierra Cosworth 4 x 4 Rallye.

SIERRA-TUNING: MOTOR

Der Sierra ist eine typische Großserien-Mittelklasse-Limousine, ausgestattet mit den entsprechenden Eigenschaften wie Wirtschaftlichkeit, Zuverlässigkeit, einem Raumangebot für mindestens vier Personen und einer ansprechenden Optik. Der durchschnittliche Sierra-Käufer ist nicht unbedingt im Kreis der motorsportlichen Enthusiasten anzusiedeln. Dennoch hat die Tuning-Welle seit Jahren auch mehr oder minder biedere Limousinen und Gebrauchsautomobile erreicht. In erster Linie ist der Trend weit verbreitet, solche Fahrzeuge optisch aufzuwerten, durch breitere Felgen und Reifen, Heck- und Frontspoiler oder gar Komplettumbauten auf Breitspurfahrwerk. Der Aspekt der Sportlichkeit steht dabei wohl in den selteneren Fällen im Vordergrund.

Interessant ist in diesem Zusammenhang, daß häufig die Automobile "dankbare Objekte" des Motor-Tunings sind, die schon von Hause aus mit reichlich Leistung gesegnet sind, so zum Beispiel auch der Sierra Cosworth. Einerseits ist der Cosworth-Motor, nicht zuletzt wegen der Turbo-Technik, für Leistungssteigerungsmaßnahmen gut geeignet, andererseits bietet die übrige Technik dieses Ford-Modells, wie Fahrwerk, Antrieb und Bremsen, noch genügend Reserven, um höhere Leistungen ohne größere Modifikationen verkraften zu können.

Die einfachste Methode, um die Leistung des Cosworth-Motors zu steigern, ist die Erhöhung des

Ladedrucks über den Abgas-Turbolader. Alle namhaften Ford-Tuner arbeiten auf dieser Basis. Leistungen bis zu 320 PS mit TÜV-Freigabe, werden dabei erreicht.

Eichberg bietet einen "Cosworth Power-Kit 1" an, mit dem 260 PS realisiert werden. Er besteht aus einem modifiziertem System aus Einspritz- und Zündcomputer, Ladedruck- und Kraftstoffregler. Die Voraussetzung zur Leistungssteigerung ist eine optimierte Kraftstoffbemessung, die einem erhöhten Ladedruck und einer gesteigerten Drehzahlgrenze angepaßt ist. Die eigentliche Leistungssteigerung resultiert jedoch aus der Erhöhung des Ladedrucks auf etwa 1 bar, was durch eine Verkürzung der Druckstange am Turbolader erreicht wird. Es ist aber auch möglich, ein sogenanntes "Dampfrad" (Regelventil) einzubauen, mit dem der Ladedruck bei Bedarf erhöht und wieder gesenkt werden kann. Die benötigten Teile werden im Austausch gegen die serienmäßigen geliefert.

Die Fahrleistungen des 260 PS-Sierra sind natürlich beeindruckend. Eichberg gibt eine Höchstgeschwindigkeit von 257 km/h und eine Beschleunigung von knapp unter 6 Sekunden von 0-100 km/h an.

Die Fa. Suhe (Autohaus Stoll KG) in Görwihl, entlockt dem Sierra Cosworth-Motor noch einige PS mehr, gleichgültig ob es sich beim Basistriebwerk um die 204- oder 220 PS-Version handelt.

Neben einem "Cosworth Performance Kit" für 265 PS, hat Suhe noch ein "Cosworth Power System" im Programm, mit dem 293 PS freigesetzt werden. Trotz der hohen Leistung sollen Zuverlässigkeit und Standfestigkeit des getunten Motors dem Serien-Pendant entsprechen.

Um das zu erreichen, sind natürlich tiefgreifende Modifikationen am Serienmotor nötig. Auch das Kühl- und Schmiersystem sind davon berührt.

Mit 235 kW/320 PS liefert der Schweizer Tuner Ruedi Eggenberger zur Zeit den stärksten straßentauglichen Sierra Cosworth. Dabei ist es kein Kunststück, diese Leistung aus dem Cosworth-Motor herauszuholen, eher schon eine Gewissensfrage, was man dem Motor zumuten will. Eggenberger hat der Serien-Turbo-Lader so getrimmt, daß er den Cosworth-Motor mit 1,4 bar "unter Dampf" setzt. Neben den notwendigen Änderungen an der Motor-Computer-Steuerung, einer Überarbeitung des Zylinderkopfes, der Ventile und der Ventilsitze ist das alles. Angesichts dieses Ladedrucks ziehen andere Tuner bereits die Stirn in Falten. Nach ihrer Ansicht dürfte dem Motor damit bald das Lebenslicht ausgeblasen werden.

Seit Anfang 1990 arbeiten Eggenberger und Suhe eng zusammen. Sierra Cosworth-Fahrer, die ihr Gefährt zu einem 320 PS-Geschoß machen wollen, können sich direkt an Suhe wenden.

Um der Gefahr verbrennender Zylinderkopfdichtungen zu begegnen, baut Eggenberger spezielle, höher belastbare Dichtungen ein. Außerdem werden die serienmäßigen Zylinderkopfschrauben durch wesentlich stabilere ersetzt. Die Gefahr von möglichen Kolbenschäden ist damit allerdings nicht gebannt. Für die Bearbeitung eines fabrikneuen Motors berechnet Eggenberger etwa 12.000 Mark. Fahrwerk und Antrieb bleiben serienmäßig.

Die Fahrleistungen des Eggenberger-Cosworth sind atemberaubend, zumindest was die Beschleunigungswerte angeht. Schon nach 5,8 Sekunden fliegt der Sierra über die 100 km/h-Marke, 180 km/h werden nach 18,2 Sekunden erreicht. Beeindruckend auch die Zeit für die 400m-Strecke mit stehendem Start: 14,2 Sekunden. Das sind wahrlich Daten, die reinrassigen Hochleistungssportwagen gut zu Gesicht stehen würden. Die Tachonadel bleibt schließlich bei "nur" 245 km/h stehen, aber nur deshalb weil der Drehzahlbegrenzer sein Veto einlegt. Laut Eggenberger wären mit einer längeren Übersetzung 280 km/h durchaus realistisch.

Bevor sich, angesichts solcher Superlative, möglicherweise bei einigen Fahrern "normaler Sierras" Frustration breitmacht, soll jetzt besprochen werden, welche Möglichkeiten der Leistungssteigerung für die anderen Sierra-Modelle bestehen. Vorweg gesagt: Die von den renommierten

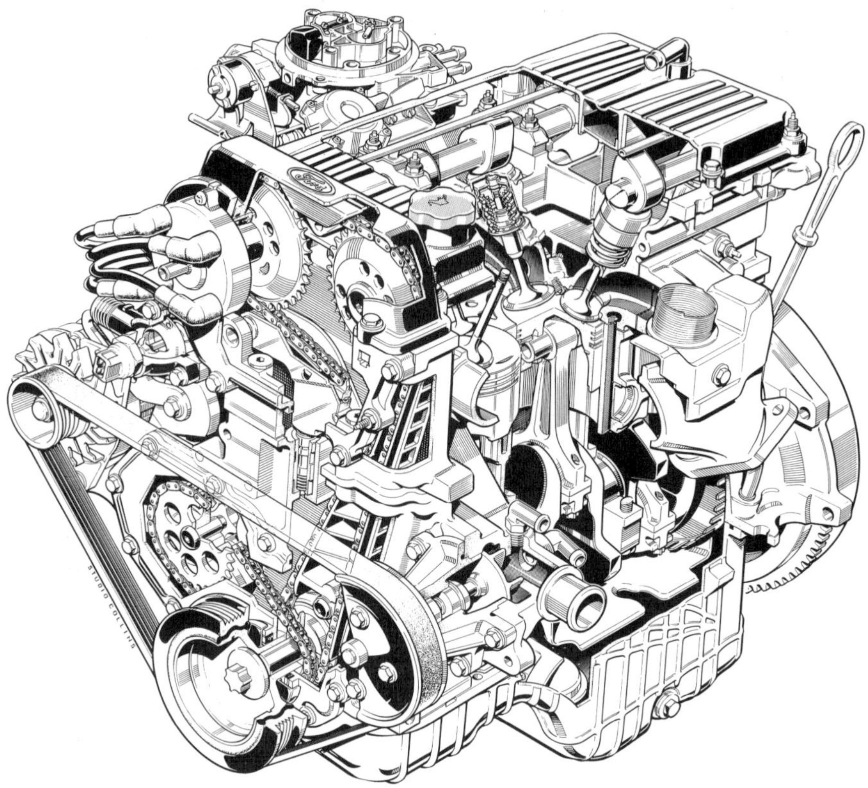

Der 2,0-Liter-DOHC-Motor mit zwei Ventilen pro Zylinder wurde nicht lange gebaut.

Tunern angebotenen Tuningsätze sind im Aufbau und in der Wirkung sehr ähnlich, wenn nicht sogar identisch. Allerdings gibt es zum Teil erhebliche Preisunterschiede, weshalb es immer ratsam ist, Vergleiche anzustellen. Mit dem Einbau zweier Weber-Doppelvergaser 40 IDF einschließlich Ansaugkrümmer und Luftsammelkasten kann die Leistung des 2,0 l/105 PS-OHC-Motors ohne Katalysator um 15 auf 120 PS gesteigert werden, womit gleichzeitig eine gute Steigerung des Drehmoments einhergeht. Wem das noch nicht ausreicht, kann diesem Motor eine Leistungskur angedeihen lassen, die 28 Mehr-PS, also insgesamt 133 PS hervorbringt. Dafür müssen, zusätzlich zu den bereits genannten Weber-Doppelvergasern, eine Sportnockenwelle, eine Spezialzylinderkopfdichtung und eine Sportauspuffanlage angeschafft werden. Beide Tuningstufen sind für Fahrzeuge bis Baudatum 2/1985, bzw. ab 3/1985 lieferbar.

Ebenfalls zwei Möglichkeiten bestehen, um den 2,0i-DOHC-Motor, serienmäßig 115 PS, erstarken zu lassen. Die eine Möglichkeit ist der Einbau einer Tuningstufe, die aus einem Spezialzylinderkopf, anderen Ventilen, einer schärferen Nockenwelle, sowie neuen Schlepphebeln und Dichtungen besteht. Für rund 2.000 Mark sind damit 20 zusätzliche PS zu realisieren, ohne Montagekosten.

Rund 37 Mehr-PS liefert ein Turbo-Bausatz, den Eichberg für den 2,0i-Motor anbietet. Neben einem Garrett TØ3-Turbolader besteht dieses System aus einer Spezialauspuffanlage, einschließlich Krümmer. Die serienmäßige Kennfeldzündung wird speziell auf den Turboantrieb umgestellt, der Serien-Thermolüfter durch einen Elektro-Doppellüfter ersetzt. Obwohl der Ladedruck nur sanfte 0,45 bar beträgt, werden beachtliche Fahrleistungen erreicht, nämlich eine Spitze von 215 km/h und eine Beschleunigung von 7,9 Sekunden von 0-100 km/h. Wer sich dieses Vergnügen gönnen möchte, muß allerdings gut 6.000 Mark für den Bausatz bei Eichberg auf die Theke blättern.

Die enge Zusammenarbeit zwischen Eggenberger und Suhe trägt Früchte. Der süddeutsche Ford-Tuning-Betrieb hat sein Angebot an nachrüstbaren Turbolader-Systemen stark ausgeweitet.

Zur neuesten Entwicklung gehört ein Turbolader-System für den 2,0 l-i-DOHC-Motor mit Katalysator, daß aus dem serienmäßig 115 PS starken Doppelnockenwellenmotor satte 180 PS hervorzaubert. Dabei kommt ein speziell für das Triebwerk abgestimmter Garrett T25 Lader, wassergekühlt und mit Wastegate-Ventil ausgestattet, zum Einsatz. Weitere Modifikationen betreffen das Auspuff-, Ansaugluft-, Zünd- und Kühlsystem.

Suhe verspricht für diesen erstarkten Motor viel Drehmoment schon im unteren Drehzahlbereich. Außerdem bleiben Wirtschaftlichkeit und Alltagstauglichkeit voll erhalten.

Turbo-Spezialist Suhe bietet für den 2,0-Liter-DOHC-Motor Turboladersysteme an, mit denen Leistungen bis 180 PS realisiert werden.

150 PS entwickelt der Sierra 2,0i-Motor, wenn er bei Eichberg mit einem Turbolader versehen wurde.

SIERRA-TUNING: FAHRWERK

Wie bei allen anderen Modellen ist auch beim Sierra das Tieferlegen der Karosserie und die Straffung des Fahrwerks mittels Tieferlegungsfedern die preiswerteste Lösung. Solche Federn sind praktisch für alle Sierra-Modelle verfügbar, in Abstimmungen von sportlich komfortabel bis hart. Die Tieferlegung der Karosserie bewegt sich zwischen 20 und 50 mm. Bei der Anschaffung solcher Federn ist zu beachten, daß der Sierra serienmäßig mit verschiedenen Vorderfedern ausgerüstet sind. Fahrzeuge bis Baudatum 4/1984 sind mit zylindrisch geformten Federn ausgestattet, während die danach gebauten Sierras überwiegend mit Vorderfedern ausgerüstet sind, deren unterste Windung nach innen eingerollt ist. Die Preise für einen Satz Tieferlegungsfedern bewegen sich zwischen 270 und 420 Mark.

Die konsequentere und optimale Lösung der Fahrwerksmodifikation bzw. Tieferlegung, ist der Einbau kompletter Tieferlegungssätze (Federn und Stoßdämpfer), die vom Hersteller aufeinander und auf den betreffenden Fahrzeugtyp abgestimmt sind. Letztlich ist das selbstverständlich eine Kostenfrage, denn ein kompletter Tieferlegungssatz ist drei- bis viermal so teuer wie ein Satz Federn.

Praktisch alle namhaften Stoßdämpfer-Hersteller bieten für den Sierra Tieferlegungs-Kits an,

Die Sierra-Hinterachse entspricht den Anforderungen des modernen Automobilbaus.

wenn auch nicht jeder die gesamte Sierra-Modell-Palette abdeckt. Es können keine pauschalen Empfehlungen hinsichtlich der Dämpfer/Federn-Abstimmung gegeben werden. Kompromisse zwischen einer Verbesserung der Straßenlage unter Beibehaltung eines ordentlichen Fahrkomforts sind möglich. Für eine solche Abstimmung empfiehlt sich der Tieferlegungssatz aus dem Ford-RS-Programm. Die Dämpfungseigenschaften der Stoßdämpfer lassen sich einstellen, bei den vorderen Federbeinpatronen sogar ganz bequem mittels eines Handrads. Die hinteren Dämpfer müssen aus der unteren Aufhängung gelöst werden, damit sie eingestellt werden können. Auch alle Koni-Dämpfer sind einstellbar, manche in ein-, andere nur in ausgebautem Zustand.

Bei den sogenannten "Sportabstimmungen" wird der Zugewinn an verbesserter Straßenlage schon mit deutlichen Komforteinbußen erkauft. Eichberg bietet für den Sierra Cosworth sogar das Bilstein-Sierra-Rennfahrwerk mit TÜV-Zulassung an. Die Abstimmung der Druck- und Zugstufen der Federbeineinsätze und Stoßdämpfer wurde unverändert übernommen. Zugunsten eines größeren Federweges mußten etwas weichere Schraubenfedern gewählt werden. Dieses Fahrwerk ist allerdings nur für solche Zeitgenossen geeignet, die bereit sind, für ein Optimum an Straßenlage ihrer Wirbelsäule hin und wieder derbe Stöße zuzumuten.

Die Vorderräder beim Sierra werden bekanntlich durch einen Querstabilisator geführt. Unter extremen Fahrzuständen, vor allem in Verbindung mit Tieferlegungen und breiten Reifen, kann diese Konstruktion nicht unbedingt überzeugen. Um eine optimale Abstützung und Führung der Vorderräder zu erreichen, empfiehlt sich der Einbau von Schubstreben. Mohag bietet einen entsprechenden Bausatz für knapp 1.000 Mark an, der allerdings nicht für die 4x4-Modelle geeignet ist.

Wer seinen Sierra auf 15 bzw. 16 Zoll-Räder umgerüstet hat, kann die Leistungsfähigkeit des Bremssystems erhöhen, indem er vorn innenbelüftete Bremsscheiben mit einem Durchmesser von 285 mm einbaut. Die Umrüstung ist nicht für Fahrzeuge mit ABS geeignet.

SIERRA-TUNING: OPTIK, AERODYNAMIK, RäDER UND REIFEN

Sierra-Fahrer, die ihr Fahrzeug nur mit Hilfe breiterer Felgen und Reifen optisch aufwerten wollen, können unter Kombinationen bis zu den Dimensionen 7J x 15" und 205/50-15 wählen. Räder dieser Größe passen noch gerade in die serienmäßigen Radhäuser und in Verbindung mit einer Tieferlegung des Fahrwerks wirkt der Sierra sehr potent, ohne daß die serienmäßige Optik beeinträchtigt wird. Von da an aufwärts sind der Phantasie und dem Geschmack kaum Grenzen gesetzt. Es werden verschiedene, einzelne aerodynamische Karosserieteile wie Front- und Heckspoiler angeboten, allerdings wirken solche einzeln angebrachte Teile, mit Ausnahme kleinerer Heckspoiler, häufig wie Fremdkörper an der Karosserie. Der Trend geht deshalb eher zu kompletten Umbausätzen, die neben Front- und Heckspoiler noch Seitenschwellerleisten und eine Heckschürze beinhalten, möglichst alles optisch und aerodynamisch aufeinander abgestimmt.

Die Ford-Werke bieten in ihrem RS-Teile-Programm jeweils für die Sierras bis Baudatum Februar 1987 und danach einen optisch recht gelungenen Aerodynamiksatz an, der sich harmonisch in die Karosserie einfügt. Die Kits bestehen aus Front- und Heckspoiler sowie Seitenschwellerleisten. Wegen fehlender Kotflügelverbreiterungen sind hier auch "nur" 7 Zoll breite Felgen mit 205er Reifen zugelassen. Besonders gelungen wirken diese Aerodynamiksätze am Sierra-Turnier.

Darüber hinaus bietet Ford seit März 1992 für den Sierra im Wunschausstattungsprogramm werksseitig für alle Modelle (außer Cosworth) ein RS-Austattungspaket an. Es beinhaltet Front- und Heckspoilerstoßfänger, einen speziellen Frontgrill, Seitenschwellerleisten, einen Heckspoiler, 4 Leichtmetallfelgen 6J x 14 mit 195/60-14-Reifen (5,5J x 14-Felgen beim Modell 4x4). Die Teile sind auch nachträglich über den Zubehörvertrieb der Ford-Händler zu beziehen.

Um mit der Spur, sprich Felgen und Reifen, weiter in der Breite gehen zu können, bedarf es der Montage von Kotflügelverbreiterungen. Die Firma Selzer zum Beispiel bietet einen Aerodynamik-Kit an, der für Fließheck-Sierra und Kombi bis Baujahr 1987 geeignet ist. In Verbindung mit dieser kleinen Verbreiterung dürfen 7,5 J x 16"-Felgen mit Reifen der Größe 225/45-16 gefahren werden.

Das heißt allerdings nicht, daß jede Felge dieser Breite verwendet werden kann. Vielmehr ist die Verwendbarkeit abhängig von der Bauart, insbesondere von der Einpreßtiefe der Felge. Insofern ist man bei Umrüstungen, die bestimmte Breiten überschreiten, an ein bestimmtes Felgen-Design gebunden.

Es fällt auf, daß für die Sierra-Modelle ab Baudatum März 1987 praktisch keine Umrüstsätze mit aufgesetzten oder eingearbeiteten Kotflügelverbreiterungen angeboten werden. In der Tuning-Branche hat man festgestellt, daß die Nachfrage nach sehr breiten oder gar extrem breiten Karosserieumbauten stark rückläufig ist. Der Trend geht mehr und mehr in Richtung der dezenteren Lösungen, die hinsichtlich der Aerodynamik, der Straßenlage und des Fahrverhaltens auch wirklich Vorteile bringen. Extreme Verbreiterungen bringen dagegen meistens Nachteile mit sich, wie erhöhten Luftwiderstand und problematisches Fahrverhalten.

Für die älteren Fließheck-Sierras sind allerdings einige Karosserie-Kits für die Breitspurfahrwerke verfügbar. Tuner wie Mohag, Suhe oder GFL bieten solche Kits an. Selbst wenn man kein Freund dieser Breitversionen ist, muß man eingestehen, daß die meisten optisch recht gelungen sind. In Verbindung mit dreiteiligen BBS-Rennfelgen können zum Beispiel beim GFL-Sierra folgende Felgen/Reifen-Kombinationen gefahren werden: vorn 9J x 15" mit Reifen 225/50-15 und hinten 9J x 15" mit Reifen 255/45-15. Im übrigen sollte man nicht vergessen, daß extrem-Umbauten sehr teuer sind, Der GFL-Bausatz kostet komplett mit

Ein Sierra CL mit Ford-RS-Kit.

Felgen und Reifen gut 11.000 Mark.

Bei den neueren Sierra-Modellen haben sich also technisch und optisch ausgefeilte Karosserie-Umrüstsätze durchgesetzt, die die Grundform der Karosserie mehr unterstreichen als verändern. Weil dieses Grundkonzept von fast allen Designern verfolgt wird, halten sich die optischen Unterschiede der angebotenen Kits in Grenzen. Aber wie bei vielen Dingen entscheiden auch hier die feinen Unterschiede, ob eine Kreation wirklich gelungen erscheint. Dabei kommt es nicht nur auf die Optik an, da entscheidet letztlich der Geschmack, über den man bekanntlich nicht streiten kann. Auch die Auswahl der Werkstoffe, die Verarbeitung und die Paägenauigkeit sind bei Karosserie-Kits von großer Bedeutung. Also nicht nur das Auge entscheiden lassen, auch andere Kriterien müssen berücksichtigt werden, zu denen nicht zuletzt ein Preisvergleich gehört.

Als gelungene Kreation gilt der Karosserieteile-Bausatz "MM2" von Mohag. Dieser Kit ist für zweitürige Fließheckmodelle, Stufenhecklimousinen und Turnier ab Baudatum 3/1987 lieferbar. Die Serienstoßfänger entfallen und werden vorn durch einen Spoilerstoßfänger und hinten durch einen Stoßfänger mit integrierter Schürze ersetzt. Beide Bauteile sind nicht zu weit nach unten gezogen, auch die passenden Seitenschwellerleisten nicht. Der Sierra wirkt deshalb nicht wie ein "rollender Kohlenkasten", ein Eindruck, der sich häufig bei rundum sehr weit nach unten gezogenen Aerodynamik-Kits aufdrängt. Die MM2-Bauteile bestechen durch eine harmonische, runde Linienführung. Passend zu diesem dezenten Design bietet Mohag jeweils für die Fließ- als auch Stufenhecklimousinen Heckspoiler an. Alle genannten Bauteile sind auch einzeln lieferbar, obwohl sie nur als kompletter Satz wirken.

Sierra CL mit Ford-RS-Kit – Heckansicht.

Nicht nur den Limousinen, auch dem Sierra Turnier steht der RS-Kit sehr gut.

Optisch überaus gelungen ist der neue Sierra-RS-Kit von Ford.

Mit dezenten Tuning-Bauteilen kann man die Eleganz der Sierra-Karosserie noch unterstreichen.

"MM 1" heißt dieses Karosserie-Design aus der Mohag-Sportabteilung.

GFL Sport Line-Design für Sierra Limousine und Turnier.

Dieser Suhe-Sierra geht schon ganz schön in die Breite.

Sierra XR4i Turbo von Eichberg.

Der Frontspoiler an diesem Suhe-Sierra ist sehr weit nach unten gezogen. Auffällig sind auch die Alu-Felgen mit einem Durchmesser von 17".

Selzer Sportlook für Sierra Fließ- und Stufenheck-Limousinen.

Natürlich bietet Selzer auch den Sierra Turnier-Fahrern Umrüstmöglichkeiten für ihr Gefährt an.

Zender hat's mit den Zweifarben-Lackierungen – auch dieser Sierra Turnier ist gelungen.

Ein gelungener Wurf: Stufenheck-Sierra von R & S Tuning.

Die Sierra Stufenheck-Lösung von GFL.

Scorpio-Tuning

Der Scorpio ist die größte Limousine im deutschen Ford-Programm. Er wurde 1985 vorgestellt und löste den Granada ab. Zunächst baute Ford nur eine viertürige Fließheck-Limousine mit großer Heckklappe, auch ist jetzt eine viertürige Stufenheck-Version verfügbar. Zum Bedauern vieler Granada Turnier-Fahrer hat Ford lange Zeit keine Kombi-Ausführung des Scorpio entwickelt. Erst Ende 1991 wurde der Scorpio Turnier als Designstudie präsentiert.

Bei der Vorstellung des Scorpio bestand das Motorenprogramm aus vier Benzinmotoren, etwas später wurde es durch einen 2,5-Liter-Dieselmotor erweitert. Bei den Benzinmotoren handelte es sich um drei Vierzylinder-Reihenmotoren mit obenliegender Nockenwelle. Der Basismotor hat 1,8 l-Hubraum und 66 kW/90 PS, gefolgt von einem 2,0 l/ 77 kW/105 PS-Aggregat, das auch mit Einspritzanlage und 85 kW/115 PS Leistung geliefert wurde. Spitzenmotor war der 2,8-Liter-V6 mit 110 kW/150 PS. Heute stehen für den Scorpio vier Benzinmotoren, die alle mit geregeltem Katalysator ausgerüstet sind, und einem Turbo-Diesel zur Verfügung. Die Daten dieser Motoren im einzelnen:

2,0-l-Vierzylinder-Reihenmotor mit zwei obenliegenden Nockenwellen, 85 kW/115 PS bei 5500/min, Benzineinspritzung

2,4-l-Sechszylinder-V-Motor, 92 kW/125 PS bei 5800/min, L-Jetronic-Einspritzanlage

2,9-l-Sechszylinder-V-Motor, 107 kW/145 PS bei 5500/min, L-Jetronic-Einspritzanlage

2,4-l-Sechszylinder-V-Motor, 143 kW/195 PS bei 5750/min, zwei obenliegende Nockenwellen, 24 Ventile Benzin-Einspritzung

2,5-l-Vierzylinder-Turbo-Diesel, 68 kW/92 PS bei 4200/min

Der Scorpio verfügt über Einzelrad-Aufhängung

Der Fließheck-Scorpio wurde vom Publikum nicht angenommen und erreichte bei weitem nicht die erwarteten Verkaufszahlen.

mit McPherson-Federbeinen, Querlenkern und Querstabilisatoren vorn und Doppelgelenk-Schräglenkern mit Schraubenfedern hinten. Schon die CL-Version, das ist die Basisausstattung, ist komplett ausgestattet. Zur Serienausstattung gehört u. a. ein Antiblockier-System, innenbelüftete Scheibenbremsen vorn und hinten, Servolenkung, Zentralverriegelung, höhenverstellbarer Fahrersitz und ein in Höhe und Reichweite verstellbares Lenkrad.

Der Scorpio wird heute in fünf Ausstattungsvarianten geliefert, als CL-, GL-, GL 4x4 mit Allradantrieb, und als Scorpio 24V, ausgerüstet mit einem von Cosworth entwickeltem Motor, lieferbar in Verbindung mit GL- und Ghia-Ausstattung.

Der Stufenheck-Scorpio, hier die Ausführung mit Cosworth 24 V-Motor, sieht wesentlich leichtfüßiger aus, als die Fließheck-Ausführung.

Nachdem die zahlreichen Granada Turnier-Fahrer der früheren Jahre wegen eines fehlenden Nachfolgemodells zu anderen Marken abgewandert sind, hat Ford 1992 endlich einen Scorpio Turnier herausgebracht.

SCORPIO-TUNING: MOTOR

Mit Ausnahme des Scorpio Cosworth, dessen Edel-Triebwerk immerhin 195 PS entwickelt, kann man die übrigen Scorpio-Modelle mit Leistungen zwischen 100 und 145 PS nicht gerade als überdimensioniert bezeichnen. Je nach Ausstattungsvariante wiegt dieses Auto zwischen 1260 und 1385 kg. Es kann deshalb nicht schaden, dem Scorpio eine Leistungskur zu verordnen.

Für die älteren 2,0 l-OHC-Motoren bis Baudatum Februar 1985 existiert eine Doppelvergaser-Anlage, die zum Beispiel von der Firma Richter in Kassel angeboten wird. Diese Anlage besteht aus zwei Weber 40 IDF-Vergasern mit Ansaugkrümmer, Luftsammelkasten und Luftfilter. Richter verspricht eine Mehrleistung von 15 PS und eine Steigerung des Drehmoments. Der Materialpreis beträgt etwa 2.700 Mark. Richter bietet diesen Motor auch in zwei aufgebohrten Versionen an, mit 2,1- bzw. 2,2-l Hubraum, die 10 PS bzw. 15 PS mehr leisten als der 105 PS Serienmotor.

Für rund 3.000 Mark gibt es bei Mohag sogar 27 Mehr-PS für den 2,0 l-OHC-Motor. Neben den bereits genannten Weber 40 IDF-Vergasern sorgt hier noch eine schärfere Nockenwelle für die zusätzliche Leistung. Der Scorpio läuft nach dieser Leistungsspritze knapp 200 km/h Spitzengeschwindigkeit. Ebenso wie die vorher beschriebenen Tuningsätze eignet sich diese Leistungsstufe nur für Fahrzeuge ohne Katalysator.

Verschiedene Tuner bieten für den Scorpio mit 2,0 l-DOHC-Einspritzmotor mit serienmäßigen 115 PS eine Tuningstufe mit 20 PS Leistungssteigerung an. Sie besteht aus einem modifizierten Zylinderkopf mit nachgearbeiteten Kanälen, Spezial-Ventilen, spezial-Nockenwelle, einem verstellbaren Nockenrad sowie neuen Schlepphebeln. Der Preis liegt bei zirka 2.300 Mark.

Nach der Devise "Kraft durch Turbo" können Scorpio-Fahrer die Leistung ihrer "Familiensänfte" aufstocken, wenn sie die Dienste der Firma Suhe in Anspruch nehmen, die Turbolader-Systeme für drei Motoren anbietet.

Dabei handelt es sich um den 2,0-Liter-DOHC-Motor mit Katalysator, der, wie bereits im Kapitel Sierra-Motor-Tuning beschrieben, nach der Turbo-Kur 180 PS freisetzt. Jeweils 190 PS leisten der 2,8-Liter-Motor mit L-Jetronic ohne Katalysator und der 2,9-Liter mit oder ohne Katalysator, wenn man auf Suhe-Turbotechnik zurückgreift. Im Gegensatz zum 2,0-l-DOHC-Motor bleibt der Seriezustand der V6-Aggregate neben der Turbolader-Montage weitgehend erhalten.

Der Methode der Hubraumerhöhung bedient sich die Firma Eichberg, um dem 2,9 l-Scorpio-Einspritzmotor auf die Sprünge zu helfen. Eichberg bietet einen kompletten 3100 cm^3-Motor mit speziellen Zylinderköpfen, größeren Ein- und Auslaßventilen und HD-Ventilfedern an, der 180 PS leistet und auch für die 4x4-Modelle geeignet ist. Der komplette Motor kostet im Tausch gegen den alten rund 7.300 Mark.

Aufriß des Scorpio 24 V-Motors.

Der Scorpio Cosworth-Motor wirkt kompakt.

Der Motorraum sieht schön aufgeräumt aus.

Kaum zu glauben, aber wahr: bei Selzer gibt es einen 5-Liter-V 8-Motor für den Scorpio.

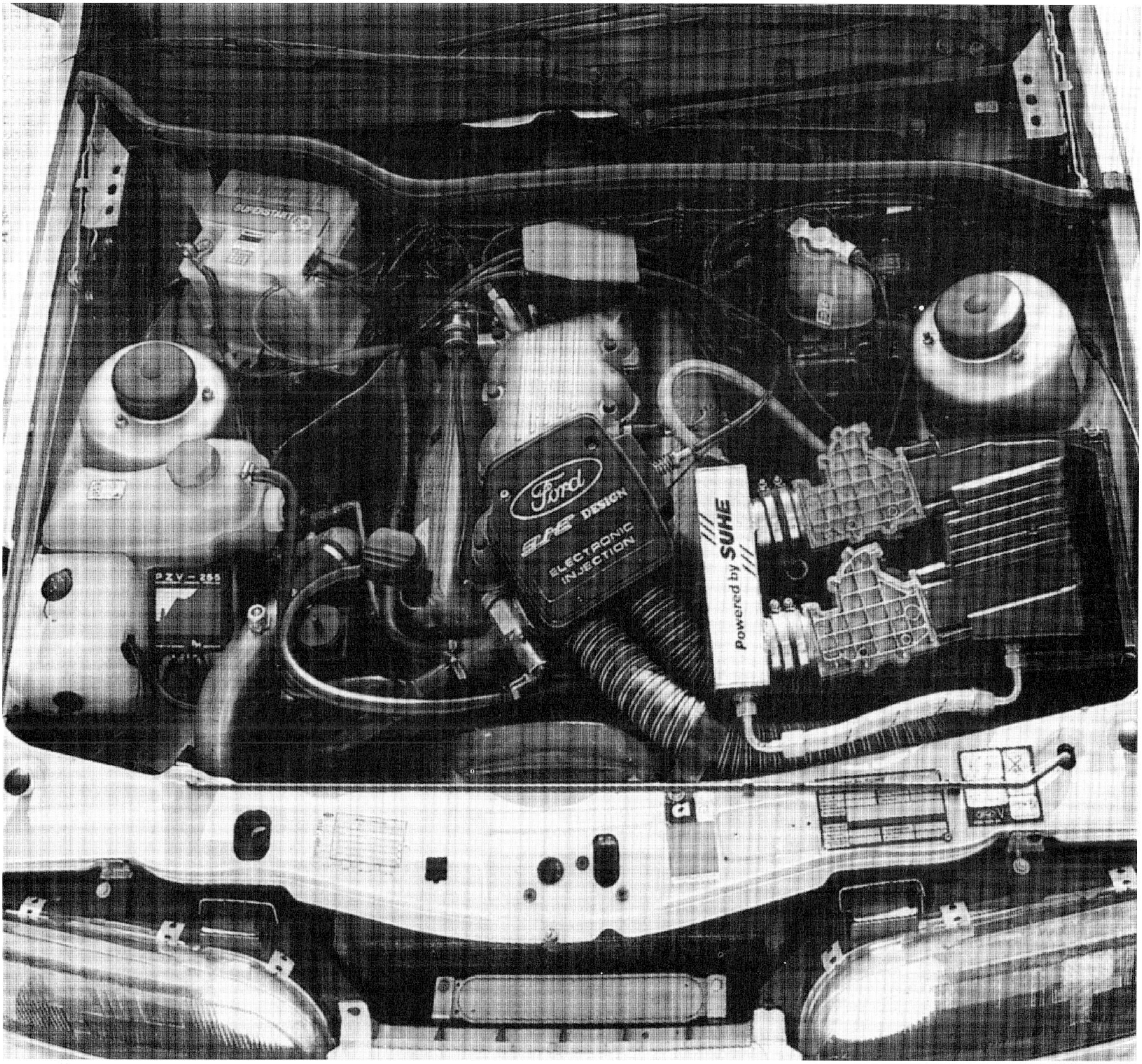

Suhe bietet Turboladersysteme für Ford-V 6-Motoren an, so auch für den Scorpio.

Genau wie beim Sierra läßt sich das Scorpio-Fahrwerk in drei Stufen für den Straßenbetrieb modifizieren. Die unterste Stufe bildet der Einbau von Sportstoßdämpfern, die in verschieden harten Abstimmungen angeboten werden. Werden nur andere Dämpfer eingebaut, bleibt die Höhenlage der Karosserie unverändert. Härtere Stoßdämpfer verringern Nickbewegungen um die Querachse und unterbinden größere Seitenneigungen der Karosserie bei plötzlichem Richtungswechsel. Meistens wird auch der Geradeauslauf verbessert und die Seitenwindempfindlichkeit veringert. Scorpio-Fahrer können unter den Produkten verschiedener Hersteller wählen. Je nach Ausführung muß man für die Sportdämpfer an beiden Achsen etwa 750 Mark ausgeben.

Die zweite und gleichzeitig preiswerteste Lösung ist der Einbau von Tieferlegungsfedern. Diese Federn sind straffe als die Serienfedern und haben ähnliche Auswirkungen auf die Straßenlage wie härtere Stoßdämpfer. Gleichzeitig wird eine Tieferlegung der Karosserie und damit des Fahrzeugschwerpunktes erreicht, was sich besonders beim Scorpio vorteilhaft auf die optische Erscheinung auswirkt. Abhängig vom Modell, der Reifen- und Felgenbreite können Tieferlegung von etwa 30 – 40 mm erreicht werden. Wegen der geringen Kosten, vier Tieferlegungsfedern für den Scorpio kosten zwischen 270 und 370 Mark, wird diese Art der Fahrwerksmodifikation häufig angewendet. Man sollte allerdings bedenken, daß bei der weiteren Verwendung der Serienstoßdämpfer zwei nicht unbedingt aufeinander abgestimmte Fahrwerkskomponenten zusammenwirken müssen. Dasselbe kann natürlich auch für die Kombination von Sportstoßdämpfern und Serienfedern zutreffen, obwohl die Stoßdämpfer-Hersteller ihre Produkte möglichst optimal auf die betreffende Fahrzeuge abstimmen.

Die logische Konsequenz aus diesen Überlegungen führt zwangsläufig zur dritten und optimalen Lösung der sportlichen Fahrwerksverbesserung, zu den sogenannten "Tieferlegungs-Kits". Diese Bausätze bestehen, wie üblich, aus einer Kombination von optimal aufeinander und den betreffenden Fahrzeugtyp abgestimmten Federn und Stoßdämpfern. Diese Art der Fahrwerksverbesserung und -tieferlegung stellt allerdings auch die teuerste Lösung dar.

Wie einzelne Federn oder Stoßdämpfer sind auch die Komplettbausätze in verschiedenen Abstimmungen lieferbar. Ford bietet in seinem RS-Teile-Programm für den Scorpio einen sportlich-komfortabel abgestimmten Kit an. Die Dämpfer können in eingebautem Zustand verstellt werden, vorn ganz einfach durch ein von außen erreichbares Handrad, hinten durch Lösen der unteren Befestigungen und Drehen des Dämpfers. Der Bausatz ist für alle, auch die 4x4-Modelle geeignet. Vorn wird eine Tieferlegung von 30, hinten von 35 mm erreicht. Es dürfen maximal 7“ breite Felgen mit einer Einpreßtiefe bis zu 28 mm gefahren werden, bei einer zulässigen Reifengröße von 205/60-15. Dieser Bausatz kostet 1.400 Mark.

Wer bereit ist, einen großen Teil des Fahrkomforts einer deutlichen Verbesserung der Straßenlage und des Fahrverhaltens zu opfern, ist mit dem Fahrwerksbausatz "Koni Gelb“ gut bedient, der sehr sportlich abgestimmt ist. Die Karosserie wird dabei vorn wie hinten 30 mm tiefer gelegt. Außerdem sind wesentlich breitere Felgen und Reifen zulässig: maximal 8,5 x 17 “ Felgen mit Reifen 234/45-17. Der "Koni gelb“-Bausatz kostet bei Mohag 1.190 Mark in Normalausführung und 100 Mark mehr mit von außen verstellbaren Dämpfern. Dieser Koni-Bausatz ist nicht für 4x4 Modelle zugelassen.

Wie schon mehrfach erwähnt, treten nach Umrüstungen auf breitere Felgen und Reifen und der damit verbundenen Spurverbreiterung zum Teil wesentlich höhere Kräfte an den Fahrwerksaufhängungen auf. Bei der Hinterachskonstruktion des Scorpio wird es in diesem Zusammenhang keine Probleme gebe, eher schon bei der

Vorderachsaufhängung, bei der die Räder durch einen hinten liegenden Querstabilisator geführt werden. Beim serienmäßigen Fahrwerk reicht diese Konstruktion vollkommen aus, jedoch kann es sinnvoll sein, bei Fahrwerksverbreiterungen können beim Scorpio Felgen bis zur Größe 7J x 15" gefahren werden, ohne daß Änderungen an der Karosserie vorgenommen werden müssen. Die maximale Reifengröße beträgt dabei 205/60x15.

Breitere Felgen und Reifen sowie bestimmte Felgentypen machen jedoch mehr oder weniger umfangreiche Modifikationen an der Karosserie erforderlich. Das beginnt bei Maßnahmen wie Umbördeln, Abtrennen der vorderen Radausschnittkanten oder Aufweiten der hinteren Radhäuser. Es können aber auch geeignete Radabdeckungen vorn und hinten, bis hin zu großen Karosserieumbausätzen erforderlich sein. Typische Karosserie-Aerodynamiksätze, die aus einem Frontspoiler-Stoßfänger, Seitenschwellerleisten und einem Heckstoßdämpfer mit integrierter Schürze bestehen, werden vom Handel in zahlreichen Ausführungen angeboten. Die meisten wirken optisch relativ dezent, so zum Beispiel der Bausatz aus dem Ford-RS-Programm.

Eine besonders edle Scorpio-Version bietet die Firma Reip aus Frechen auf der Basis des Scorpio-Ghia an. Äußerlich wird der Reip-Scorpio durch den Ford-RS-Aerodynamiksatz und Alu-Felgen im Kreuzspeichen-Design aufgewertet. Der Knüller bei diesem Modell ist allerdings die vom belgischen Designer Duchatelet entworfene Innenausstattung. Die Sitze, das gesamte Cockpit inklusive Mittelkonsole, Sonnenblenden und Dachkonsolen sind

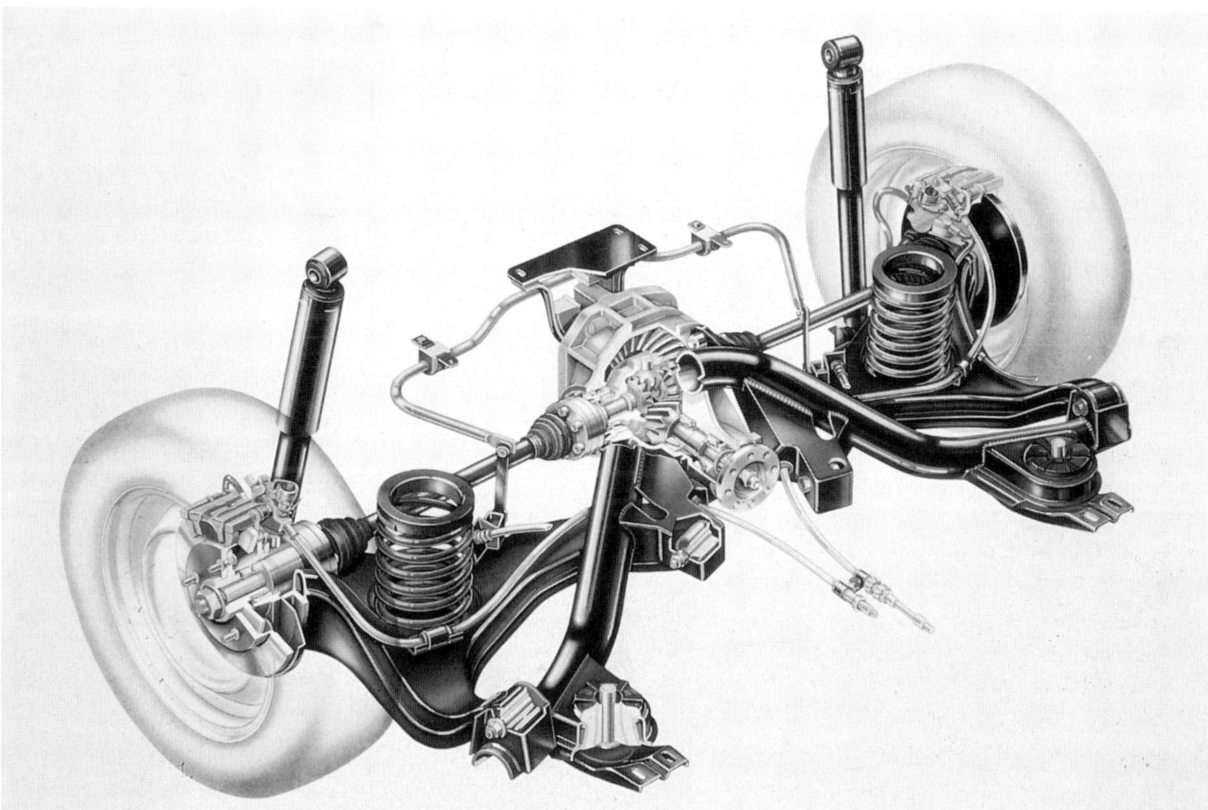

Die Scorpio-Hinterachskonstruktion.

mit feinstem Leder bezogen. An den Türen der Schaltkulisse, am Schaltknauf und Handbremshebel findet sich hochglanzlackiertes Nußbaum-Wurzelholzfurnier. Auf Wunsch können im Fond an den Lehnen der Vordersitze klappbare Arbeitstische installiert werden, die ebenfalls mit Nußbaumfurnier belegt sind.

Diese Duchatelet-Kreation soll dem Passagier "Geborgenheit in edelstem Interieur" vermitteln. Dieser Anspruch ist keineswegs übertrieben. Leder und Holzfurnier in Verbindung mit der ohnehin üppigen Scorpio Ghia-Ausstattung beeindrucken. Reip will mit diesem Scorpio-Modell in den Kreis der anspruchsvollen Automobil-Käuferschicht vordringen, die den Scorpio bisher gemieden hat, weil er nicht genügend Prestige vermittelt. Angesichts der nicht gerade geringen, aber dennoch gerechtfertigten Umrüstungskosten können auch nur in dieser Käuferschicht Interessenten zu finden sein.

Weniger vornehm, dafür aber auffälliger erscheint der "Futuro"-Karosseriesatz, den Mohag anbietet. Felgen der Größe 7J x 15" mit Reifen bis zur Dimension 215/60-15 (hinten sogar 235/55-15) können in Verbindung mit diesem Umrüstsatz gefahren werden. Die sehr wuchtig ausgefallenen Bauteile vermitteln allerdings etwas den Eindruck, als sei dem Scorpio ein Schwimmgürtel umgelegt worden. Qualität und Paßgenauigkeit des Futuro-Satzes dagegen lassen keine Wünsche offen.

Das Nonplusultra der Spurverbreiterung stellt wohl der große Karosserieumbausatz mit Breitspurfahrwerk dar, der ebenfalls von Mohag offeriert wird. Er besteht aus vier Kotflügelverbreiterungen, Seitenschwellern, Spoilerstoßfängern vorn und hinten, Heckspoiler, vier Felgen, vorn 8,5J x 17" für Reifen 235/45-17 und hinten 10J x 17" für Reifen 265/40-17. Dank eines insgesamt harmonischen Designs wirkt der Breitspur-Scorpio jedoch keineswegs aufgebläht. Der große Karosserieumbausatz ist für Fließheck-Limousinen geeignet und kostet komplett, ohne Montage, rund 8.500 Mark.

Scorpio Ghia mit Ford-RS-Kit.

Sehr gelungen, besonders im Frontbereich, erscheint der neue Scorpio RS-Kit von Ford.

Auch die Turnier-Version wird durch den neuen RS-Kit deutlich aufgewertet.

Von Mohag umgerüsteter Fließheck-Scorpio.

Dieser Scorpio beeindruckt durch enorm breite Reifen und Räder: vorn sind es 8,5" x 17 für Reifen 235/45-17, hinten 10" x 17 für Reifen 265/40-17 (Suhe).

Diese Suhe-Scorpio-Kreation geht bei weitem nicht so in die Breite, wie es bei dem oben gezeigten Fahrzeug der Fall ist.

Bei keinem anderen Ford-Modell kann sich Karosserie-Tuning so positiv auswirken, wie beim Scorpio. Diese beiden, von Selzer präparierten Fahrzeuge, machen es deutlich.

Die Scorpio Stufenhecklimousine besitzt Proportionen, die stimmen. Durch dezentes Karosserie-Tuning kann das Erscheinungsbild noch verfeinert werden.

Bei diesem Scorpio ist es gelungen, sehr breite Räder und Reifen in die Karosserie zu integrieren, ohne große Ausbuchtungen oder Beulen.

Ford Probe GT

Ende Dezember 1990 ergänzte Ford seine Modellpalette auf dem deutschen Markt um ein sportliches 2+2 Sitzer-Coupé. Der Probe GT wurde von Ford USA in Zusammenarbeit mit Mazda entwickelt. Ford ist an diesem japanischen Automobilhersteller mit 25 % beteiligt.

Mit dem Probe GT setzt Ford seine Tradition als Anbieter attraktiver Coupés fort. Der windschlüpfige 2+2-Sitzer debütieren zunächst auf dem amerikanischen Markt. Dort zählt er seit seinem Erscheinen zu den erfolgreichsten Vertretern seiner Klasse.

Angesehene amerikanische Fachzeitschriften wie "Car & Driver" und "Autoweek" zählten den Probe GT zu den besten Autos des Jahres 1989. In Sachen Kundenzufriedenheit rangiert der im Mazda-Werk in Flat Rock, US-Staat Michigan, produzierte Wagen in den USA auf den vordersten Rängen.

Das Erscheinungsbild des Probe GT prägen fließende Konturen, eine keilförmige Silhouette, die langgestreckte, nach vorn abfallende Motorhaube und die in die Stoßfänger integrierten Kühllufteinlässe. Der niedrige C_w-Wert von 0,31 macht deutlich, daß die Aerodynamik bei der Entwicklung einen hohen Stellenwert einnahm. Der kompakte Vierzylinder-Motor des Probe GT ist quer eingebaut und treibt über ein Fünfganggetriebe die Vorderräder an. Der 2,2-Liter-Turbomotor mit zwei Einlaß- und einem Auslaßventil pro Zylinder, entwickelt seine maximale Leistung von 108 kW/147 PS bereits bei einer Drehzahl von 4300/min. Damit beschleunigt der immerhin 1338 Kilogramm schwere Probe in nur 8,6 s von 0 auf 100 km/h und erreicht eine Höchstgeschwindigkeit von 220 km/h, ein Wert, der die aerodynamische Güte beweist.

Viel Aufwand haben Ford und Mazda bei der

Der Ford Probe GT stellt eine Bereicherung für das deutsche Ford-Programm dar.

Entwicklung des Fahrwerks getrieben. Alle Räder sind einzeln aufgehängt und aufwendig geführt. Auf hohe Querbeschleunigungen reagiert die Radaufhängung mit programmierten Spurveränderungen, die dem Probe zu einem ausgezeichneten Fahrverhalten verhelfen. Eine Besonderheit ist die Möglichkeit, per Knopfdruck die Abstimmung der Gasdruckstoßdämpfer zu variieren. Man kann wählen zwischen "Normal"-, "Sport"- und "Komfort"-Abstimmung.

Ein Mikroprozessor regelt automatisch die Einstellung der Stoßdämpfer und garantiert so unter allen Einsatzbedingungen die bestmögliche Abstimmung zwischen Straßenlage und Komfort. Der Fahrwerks-Computer erhält zu diesem Zweck Sensor-Signale über Fahrzeuggeschwindigkeit, Beschleunigung und Verzögerung sowie über den jeweiligen Lenkwinkel und die Querbeschleunigung.

Darüber hinaus ist der Probe GT noch mit anderen Merkmalen des modernen Automobilbaus ausgestattet. Dazu gehören ein elektronisches Motormanagement-System, eine elektronische Multipoint-Einspritzanlage, eine computergesteuerte Servolenkung, innenbelüftete Bremsscheiben rundum und ein elektronisches Antiblockier-Bremssystem.

PROBE GT TUNING

Obwohl dieses Buch fast ausschließlich Tuningmöglichkeiten für Ford-Modelle behandelt, die primär für den deutschen Markt konzipiert sind und von Ford abgesetzt werden, soll dennoch ein kurzer Blick auf das Tuning-Angebot für den Probe GT geworfen werden. Die Fa. Wolf in Neuenstein bietet eine auf unsere Verhältnisse optimierte Motorleistungssteigerung an. Neben Änderung der digitalen Motorelektronik und der Einspritzanlage erfährt der Motor des Probe GT gravierende Optimierungsmaßnahmen an Turbolader und ther-

Der prägende Einfluß des Windkanals ist beim Anblick der Probe-Karosserie nicht zu übersehen.

mischem Gesamthaushalt. Darüber hinaus gehört auch eine Spezialauspuffanlage zu diesem Tuningsatz.

Der mit einem maximalen Ladedruck von 0,9 bar arbeitende Motor glänzt durch bulligen Drehmomentzuwachs und leistet 195 PS. Entsprechend dieser Leistungsdaten fallen die Fahrleistungen aus: von 0 – 100 km/h in 6,9 Sekunden, Höchstgeschwindigkeit 232 km/h.

Begrenzt ist das Angebot für optisches Tuning. So bieten zum Beispiel die Firmen Selzer und Mohag einen identischen Karosserieumrüstsatz an, der sehr dezent ist und das Erscheinungsbild des Probe GT verfeinert. Er besteht aus einem Spoilerstoßfänger vorn mit integrierten Fernscheinwerfern, Standlicht- und Blinkleuchten. Während die Blinkleuchten beim Serien-Probe seitlich unten im Spoilerstoßfänger angeordnet sind, befinden sie sich jetzt an der Frontpartie im oberen Teil des Spoilerstoßfängers. Die gesamte Frontpartie wirkt dadurch noch eleganter und windschlüpfiger als beim Serien-Probe.

Zum Umrüstsatz gehört auch eine Heckschürzenstoßstange, die glatter und zierlicher wirkt als das Original. Außerdem sind darin Rückstrahler und Nebelschlußleuchten eingelassen.

Es handelt sich um einen sehr gelungenen Eingriff in das Originaldesign, der zwar nicht sehr auffällig ist, dafür erscheint die Karosserie wie aus einem Guß. Wem diese eher elegant als aufregend wirkende optische Umgestaltung zu langweilig erscheint, hat die Möglichkeit, durch ein Paar Seitenleisten und Türaufsätze im "Testarossa

Mit Turbotechnik und drei Ventilen pro Zylinder leistet der 2,2-Liter-Motor 147 PS.

Look" das Erscheinungsbild seines Probe GT etwas zu beleben. Diese Teile sind ebenfalls bei Selzer oder Mohag zu haben.

Der Probe GT rollt serienmäßig auf Leichtmetallfelgen der Dimension 6J x 15 und 205/60 VR 15-Reifen. Es werden aber drei optisch verschiedene, 7,5" breite Leichtmetallfelgen angeboten. Diese Felgen haben 16" Durchmesser und können mit den Reifenkombinationen 205/45 ZR 16 oder 225/45 ZR 16 bestückt werden. Noch breiter geht es mit Selzer Azev-Alurädern der Dimension 7,5J x 17, die die Reifengröße 245/35 ZR 17 ermöglichen. Der Gewinn an Spurverbreiterung wirkt sich optisch sehr positiv aus und ist ohne größere Eingriffe in die Karosseriesubstanz zu realisieren. Sehr schön wirkt auch der aerodynamisch verbesserte Probe GT von Wolf, bei dem in erster Linie die Frontpartie umgestaltet wird. Auch hier sind die Blinkleuchten nach vorn verlegt. Charakteristisch ist ein deutlich ausgeprägter Frontspoiler. Die Heckpartie wird durch einen zweiteiligen, dezenten Heckflügel optisch und aerodynamisch aufgewertet.

Mehrere Ford-Tuner bieten einen aus vier sportlich abgestimmten Federn bestehenden Tieferlegungssatz an, der die Karosserie des Probe GT um ca. 30 mm absenkt. über diesen Federnsatz hinaus bietet Wolf auch speziell auf das Probe-Fahrwerk abgestimmte Koni-Dämpfer für Vorder- und Hinterachse an.

Neben diesen 7,5"-Rädern bietet Wolf ein Alu-Rad im Sechs-Sterne-Design an, mit den Dimensionen 8J x 17". Mit diesem Rad kann jedoch "nur" eine Größe von 235/40 ZR 17 kombiniert werden.

An diesem, von der Fa. Selzer veredeltem Probe GT, gibt es optisch eigentlich nichts mehr zu verbessern. Die Karosserie wirkt außerordentlich harmonisch.

Die Adressen

ATS-Leichtmetallräder GmbH
Industriegebiet, D-6702 Bad Dürkheim
Tel. 06322/65790
Hersteller von Leichtmetallrädern

BBS Kraftfahrzeugtechnik GmbH
D-7622 Schiltach
Hersteller von Leichtmetallrädern

Bieber Cabrio GmbH
Landwehr 62, D-4280 Borken
Tel. 02861/64026
Spezialist für Cabrio-Umbauten (Fiesta)

Bilstein GmbH + Co. KG
Postfach 11 51, D-5828 Ennepetal
Tel. 02333/792352
Stoßdämpferhersteller

D & W
Stormstraße 4-8, D-4630 Bochum-Wattenscheid
Tel. 02327/3866
Autozubehörhandel, auch Versandverkauf

Eibach & Willms
Am Lennedamm 1, D-5950 Finnentrop
Tel. 02721/511-0
Hersteller von Fahrwerksfedern

Eichberg GmbH
Hansastraße 13, D-4507 Hasbergen-Gaste
Tel. 05405/4333
Ford-Tuning-Spezialist, viele eigene Entwicklungen und Produktionen

Foha-Autocraft
Postfach 3, A-4061 Pasching
Hersteller von Karosserieumbauteilen und -zubehör

Ford-Werke AG, RS-Teile-Verkauf
Postfach 71 22 22, D-5000 Köln 71
Ford-Abteilung für sportliches Zubehör, Produkte sind über jeden Ford-Händler zu beziehen

Graf Motorsport Ges. mbH
Wiener Straße 25 A, A-2483 Ebreichsdorf
Ford Motoren- und Fahrwerkstuning

Gerstmann Motorsport
Wehrstraße 17-33, D-4200 Oberhausen
Tel. 0208/865020
Ford-Tuning-Spezialist, Zubehörhandel

GFL-Auto-Technik und Design GmbH
Salacher Straße 90-94, D-7332 Eislingen
Tel. 07161/8502-0
Karosserie' und Fahrwerkstuning

GA-Tuning Alber
Karl-Beck-Straße 7, D-8261 Markt 1
Tel. 08678/246
Motorsport-Zubehör

Hella KG
Postfach 28 40, D-4780 Lippstadt
Tel. 02941/38-1
Hersteller von Kfz-Elektrik und -Elektronik, Kfz-Beleuchtung und -Zubehör

Intra/Exip
Am Mantel 8, D-7520 Bruchsal
Tel. 07251/80950
Leichtmetallräder

Jetex GmbH
Erfurter Straäe 4-6, D-2351 Trappenkamp
Tel. 04323/4188
Sportauspuffanlagen

Kamei GmbH + Co. KG
Postfach 3580, D-6200 Wiesbaden 1
Tel. 06121/1401-0
Hersteller von Karosserie-Tuningteilen

Kerscher Kfz-, GFK- und Tuningteile
Falkenbergstraße 17, D-8331 Rimbach-Dietring
Tel. 08727/1016
Karosserie-Tuningteile

Koni-Deutschland, de Koning GmbH
D-5431 Ebernhahn
Tel. 02623/6020
Stoßdämpfer-Hersteller

Mohag GmbH
Sperberstraße 22, D-4650 Gelsenkirchen 2 - Buer
Tel. 0209/36004-0
Ford-Tuning-Spezialist, Zubehörhandel

Noeldecke GmbH
Postfach 51 30, D-7750 Konstanz
Tel. 07531/63241
Abarth-Hochleistungsauspuffanlagen

RSB Uwe Bauer
Gewerbegebiet 2, D-7590 Achern/Fautenbach
Tel. 07841/24446
Ford-Tuning-Betrieb

Reip Vertriebsges. mbH
Aachener Straße 624, D-5020 Frechen 4
Tel. 02234/63302
Autozubehör, Spezialumrüstungen, Spezialist für "Chip-Tuning"

Richter
Reuterstraße, D-3500 Kassel
Tel. 0561/7000322
Ford-Tuning-Spezialist, Schwerpunkt Motortuning, Wettbewerbsmotoren, auch für historische Ford-Rennwagen

Rieger GmbH
Lauterbachstraße 77, D-8330 Eggenfelden
Tel. 08721/2044
Kfz.-GFK- und Tuningteile

Ronal Leichtmetallwerke GmbH
Postfach 11 80, D'7529 Forst
Hersteller von Leichtmetallrädern

Rial-Felgen
Industriestraße 1, D-6701 Fußgoenheim
Leichtmetallfelgen-Hersteller

Recaro
Stuttgarter Straße 73, D-7312 Kirchheim/Teck
Hersteller von Sport- und Schalensitzen

Sachs Sporting, Fichtel & Sachs AG
D-8720 Schweinfurt
Stoßdämpfer-Hersteller

Scheel-Mann
Max-Planck-Straße 5, D-7257 Ditzingen-Heimerdingen
Hersteller von Sport- und Schalensitzen

Schult OHG
Kärntener Straße 30-32, D-4350 Recklinghausen
Tel. 02361/36035
Karosserie-Design

Selzer Autotechnik GmbH
Carl-Zeiss-Straße 21 a, 6630 Saarlouis-Röderberg
Tel. 06831/87073
Ford-Tuning

Schrick GmbH
Dreherstraße 3-5, D-5630 Remscheid 11
Tel. 02191/5613-92
Motortuning, Motorenbau

Suhe Autohaus Stoll KG
Hauptstraße 34, D-7883 Gorwihl
Tel. 07754/293
Ford-Tuning-Betrieb

Sebring-Auspuffanlagen GmbH
Postfach 2 61, D-7753 Allensbach
Tel. 07531/62083
Hochleistungsauspuffanlagen

TS-Union Handelsges. mbH + Co. KG
Woltmershauser Straäe 446, D-2800 Bremen 1
Tel. 0421/544066
Autozubehör-Handelskette

TeZet-Wittmack GmbH
Postfach 11 29, D-7897 Küssaberg
Tel. 07741/62838
Hochleistungsauspuffanlagen

VGS Viktor Günther GmbH
Kölner Straße 236, D-5000 Köln 90
Tel. 02203/13069
Spezialist für Weber-Vergaser, Motortuning

Wolf-Racing GmbH
Max-Eyth-Straße 17, D-7113 Neuenstein
Tel. 07942/3001
Ford-Tuning-Spezialist, Motorsport-Tuning

WEKO Kraftfahrzeugtechnik
Spellener Straße 77, D-4223 Vörde-Friedrichsfeld
Tel. 0281/4411
Nockenwellen-Spezialist, Wettbewerbsmotoren

Zender GmbH
Florinstraße D-5403 Mülheim-Kärlich
Tel. 0261/2860
Karosserie-Design, Fahrwerke, Zubehör

Zakspeed-Engineering GmbH
Postfach 33, D-5476 Niederzissen
Tel. 02636/6011-2
Ford-Tuning-Spezialist, Motorsport-Zubehör

Capri-Club-Adressen

Club	**Adresse**
Zakspeed Club Berlin Andreas Frenzel	Ziekowstr. 163 A 1000 Berlin 27
Capri RS Club Berlin Gerd Zöller	Mainzer Str. 23 1000 Berlin 31
Ltd Capri Club Berlin Stephan Rehfeldt	Assmannshauser Str. 26 1000 Berlin 33
Capri Club Berlin Martin Thiele	Crellestr. 11 1000 Berlin 62
Capri Sport Club Berlin Daniel Birkholz	Dubliner Str. 3 1000 Berlin 65
Capri Club Hamburg Elmshorn Bernd Hiller	Reisiker Weg 1 2200 Koelln-Reisik
Capri Club Kiel e. V. Wilfried Schaefers	Woltersweg 24 2300 Kiel 1
Capri Club Wümme John Boj	Wiesenweg 39 2721 Fintel
Capri Club Bremen Rainer Lange	Rheinstr. 47 2800 Bremen 1
Capri Club Thedinghausen Klaus Asendorf	Gödestorfer Str. 6 2819 Entinghausen
Capri Freunde Bremerhaven e. V. Ralf Hartmann	Altonaer Str. 90 2850 Bremerhaven
Capri Club Oldenburg Jochen Twiest	Oldenburger Landstr. 68A 2902 Rastede

Capri Club Ammerland Hartmut Post	Aperstr. 19 2913 Apen-Godensholt
Capri Club Wilhelmshaven Astrid Zaage	 Rheinstr. 78 2940 Wilhelmshaven
Capri Club Norden Claus Rutenberg	Landstr. 68 2984 Luetetsburg-Norden
Capri RS Club Hannover Stefan Laube	Kirchröder Str. 95 3000 Hannover 91
Capri Team Hannover Bernhard Schaper	Ritter-Brunning-Str. 20 3000 Hannover 91
Capri Club Hannover Axel Schnur	Königsberger Str. 15 3016 Seelze 1
Capri Club Cassel Michael Siebert	Oldenburger Str. 8 3500 Kassel
Capri Club Nordhessen Christiane Drücke	Rheinstahlring 48 3502 Vellmar
Capri Club Benrath Volker Diehls	Uedesheimer Str. 55 4000 Düsseldorf
Capri Sport Club Düsseldorf Horst Guthmann	 Ellerstr. 200 4000 Düsseldorf 1
Capri Club Teutonia Achim Langemeyer	Nelkenstr. 4 4512 Wallenhorst 1
Capri Club Dortmund Ingo Brunner	Schuetzenstr. 16 4600 Dortmund 1
Capri Club Ostwestfalen-Lippe Malcolm Beresford	 Ernst-Reuter-Str. 16 4937 Lage 1
Capri RS Club Rheinland e. V. Klaus Niederprüm	 Magdeburger Str. 16 5010 Bergheim-Erft
Capri Club Leichlingen Hans-Dieter Rettig	Am Weidenbusch 34 5090 Leverkusen 3
Capri Club Trier Bernd Pelzer	Bonner Str. 74 5500 Trier
Capri Club Moselring Gilbert Bizigeio	Bitburger Str. 10 5521 Neidenbath
Capri Club Westeifel Erwin Heck	Am Braunhäuschen 11 5542 Bleialf
Capri Club Wuppertal Wilfried Siebert	Gottfried-Eschmann-Weg 34 5600 Wuppertal 11
Capri Club Velbert Ralf May	Burgstr. 39 5620 Velbert 1
Capri Team Bergisch Land Manfred Hübner	 Schützenstr. 10 A 5830 Schwelm
Capri Club Siegerland Burkhard Braach	Erlenstr. 50 5901 Wilnsdorf
Capri Club Mühlheim Günter Schraepel	Freiherr-v.-Stein-Str. 19 6052 Mühlheim 3
MSC Capri Club Rhein-Main e. V. Gordon Stojilikovic	 Wiesenstr. 28 6057 Dietzenbach
Capri Club Starkenburg Dieter Stetter	Stetteritzring 33 6101 Rossdorf 2
Capri Club Odenwald R. Preuninger	Siedlerweg 2 6107 Reinheim 4
IGCF Zakspeed Wilfried Klein	Postfach 13 44 6113 Babenhausen
Capri Sportteam Exklusiv Joachim Löbig	Fahrstr. 9 6113 Babenhausen

Capri Club Limburg-Weilburg
Karl-Heinz Linn
Unterdorfstr. 6
6296 Hengerskirchen 3

Capri Club Wetterau
Michael Schlessmann
Mörler Str. 26
6360 Friedberg

Capri Club Oberursel
Joem Petersen
Holzweg 11
6370 Oberursel

Capri Club Friedberg
Harald Schinner
Rosengartenweg 18
6420 Lauterbach

Capri Club Bebra
Andreas Hohmann
Eisenacher Str. 59 A
6440 Bebra

Capri Club Südhessen
Peter Hofferbert
Hessenstr. 2
6452 Hainburg 1

Capri Club Ingelheim
Peter Lorenz
Am Rüsterbaum 3
6507 Ingelheim

Capri Club Worms
Alfred Krueger
Trifelsstr. 61
6520 Worms 21

Capri Club Saarland
Manfred Finkler
Schürerweg 5
6603 Schnappach

Capri Club Ludwigshafen
Stephan Dick
Robert-Schumann-Str. 40
6707 Schifferstadt

Capri Club Donnersberg
Michael Ott
Hauptstr. 35
6719 Marnheim

Capri Club Germersheim
Jonny Engel
Reußstr. 12
6728 Germersheim

Capri Club Heidelberg
Antonio Di-Lena
Walldorfer Str. 21
6837 St. Leon-Rot 2

Capri Club Bergstraße e. V.
Jan Zanker
Viernheimer Str. 35
6940 Weinheim

Capri Club Wertheim
Gerhard Gerberich
Kleiner Weg 5
6980 Wertheim

Capri Club Schwaben
Martin Edlich
Untere Vorstadt 4
7032 Sindelfingen

Capri Club Württemberg
H.-J. Zweigle
Bosssler Str. 41
7300 Esslingen

Capri Club Goeppingen
Dieter Weissenburger
Schillerstr. 45/1
7320 Göppingen

Capri RS Club Neckar Alb
Ulrich Hartwich
Muehlbergstr. 6
7402 Kirchentellinsfurt

Capri Club Balingen
Manfre Rückbrod
Auerbacher Str.
7410 Reutlingen

Capri Club Altenburg
Bernd Kern
Donaustr. 23
7410 Reutlingen 25

Capri Club Baden
Willy Riegraf
Dorfstr. 38
7460 Balingen 1

Capri Club Karlsruhe
Jörg Strommer
Max-Beckmann-Str. 29
7500 Karlsruhe

Capri Club Rastatt
Andreas Klever
Karl-Späth-Str. 9
7551 Steinmauern

RSB Capri Spezial Club
Uwe Bauer
Eisenbahnstr. 25
7590 Achern

Capri Club Schwarzwald e. V.
Martin Müller
Am Schelzberg 14
7595 Sasbachwalden

Capri Club Kaiserstuhl
Michael Vetter
Feuerwehrstr. 42
7630 Lahr

Capri Club Triberg
Michael Pfrengle
Mozartstr. 13
7741 Schönwald

Capri Club Bodensee Erich Lichtblau	Oberriedweg 2 7770 Überlingen
Capri Club Dreiländereck Michael Plumbaum	Rudolf-Virchow-Str. 3 7858 Weil
Capri Club Hochrhein Emil Steinbrunner	Kaiserstr. 20 7890 Waldshut-Tiengen
Capri Club Starnberg Erich Kraus	Roseggerstr. 6 8031 Seefeld
Capri Club Landshut Peter Heilmeier	Zugspitzstr. 17 8250 Dorfern 1
Capri Club Oberpfalz Manfred Waffler	Burggriesbach 1 8437 Frevstadt
Capri Team Nürnberg Dieter Ranzinger	Gerberstr. 12 8501 Eckental
Capri RS Club Nürnberg e. V. Gerhard Bachmann	 Hätzner Str. 3 8510 Fürth
Capri Freunde Bayreuth Klaus Schoenheiter	Benk 91 8589 Bindlach
Capri Club Würzburg J. Herrmannsdörfer	Frankfurter Str. 19 8700 Würzburg
Capri Club Aschaffenburg Walter Doroch	Ritterstr. 3 8751 Hausen
Capri Club Mittelfranken Norbert Fischer	Fürtstr. 54 8805 Feuchtwangen
Capri Club Heilsbronn Heinz Brauz	Lindenplatz 1 A 8807 Heilsbronn
Capri RS Club Feuchtwangen Bernd Wolf	 Hauptstr. 29 A 8821 Langfurth
Capri Club Oberallgäu Andreas Höflich	Geschwister-Scholl-Str. 2 8961 Buchenberg
Capri Club Allgäu Gert Cloidt	Bodenseestr. 33 8996 Opfenbach

Escort-Club-Adressen

Club	**Adresse**
Escort-Club Rhein/Main Jürgen Weil	Frankenallee 243 6000 Frankfurt Tel. 069/7382430
Escort-Club Bayreuth Harald Dörsch	Glückstr. 19 8580 Bayreuth Tel. 0921/22240
Escort-Club Hof Markus Wolfram	Autengrüner Str. 24 8679 Oberkotzau Tel. 09286/1642
Escort-Club Rhein/Nahe Michael Bunn	Binger Str. 18 6531 Grolsheim Tel. 06727/410
Escort-Club Zandt Josef Spät jr.	Kötzinger Str. 9 8491 Zandt Tel. 09944/789
Escort-Fan-Club Schwarzwald Ursula Grieshaber	Schonachbach 10 7740 Triberg Tel. 07722/1365
Regensburger Escort-Club Georg Schöls	A.-v.-Menzel-Str. 19 8402 Neutraubling Tel. 09401/8457
Escort-Club Berlin Thomas Paul	Schönhauser Str. 24 1000 Berlin 41 Tel. 030/7916139

Escort-Club Oberfranken Oliver Mechthold	Hahnweg 113 a 8630 Coburg Tel. 09561/66005
Escort-Club Siegerland Joachim Schreiber	Bottenberger Str. 30 5905 Freudenberg Tel. 02734/2151
Escort-RS-2000-Club Rhein/Ruhr Michael Görke	Fr.-Ebert-Str. 442 5600 Wuppertal Tel. 0202/711352
XR3-Club Karlsruhe Jürgen Fischer	Händelstr. 5 7515 Linkenheim Tel. 07247/1380
Club der Ford-Fahrer Rhein/Ruhr Hans-Bernd Vermoehlen	Oberdorfstr. 28 4300 Essen 1 Tel. 0201/641687

Ford-Club Heringen e. V. Oliver Kühnel	Fuldische Aue 25 6432 Heringen 1
Ford-Club of Switzerland B. Coradazzi	Postfach B-1473 CH-8302 Kloten
Ford Escort RS Fan-Club Austria Erich Hammerler	Andreas-Hofer-Str. 1/12 A-1210 Wien Tel. Wien 303152
Ford AVO-Owners Club P. Williams	67, Rolls Park Ave. Chingford, GB-London E4
Ford RS-Owners Club David Harris	18, Hornbeams GB-Benfleet, Essex SS7 4NP

WOB CP 121

S LS 8935